शक्ति पीठों की रानी:

माँ पूर्णागिरि

गणेश सिह कुँवर

शक्ति पीठों की रानी:

माँ पूर्णागिरि

गणेश सिह कुँवर

KALAMOS LITERARY SERVICES LLP

Kalamos Literary Services LLP
Email: info@kalamos.co.in | editorial@kalamos.co.in

First Published in 2026 by

Kalamos Literary Services

ISBN- 978-93-7349-649-8

शक्ति पीठों की रानी: माँ पूर्णागिरि
गणेश सिह कुँवर

Cover Designed & Typeset in Kalamos Literary Services LLP

Print and bound in India.

प्रस्तावना

हिमालय की गोद में स्थित पवित्र पूर्णागिरि शक्ति–पीठ उन दुर्लभ स्थानों में से एक है जहाँ भक्त सिर्फ़ दर्शन ही नहीं करते, बल्कि अपने हृदय में माता की करुणा, शक्ति और संरक्षण की अनुभूति भी पाते हैं। यह वही स्थान है जहाँ मां सती की नाभि गिरी थी, और तभी से यह भूमि मोक्ष प्रदान करने वाली मानी गई है।

यह धाम चंपावत ज़िले और टनकपुर क्षेत्र की आत्मा है—जहाँ पहाड़ों की शांति, काली नदी की पवित्रता और देवी की शक्ति का अद्भुत मेल मिलता है। हर वर्ष लाखों श्रद्धालु यहाँ सिर्फ़ दर्शन करने नहीं आते, बल्कि अपनी मन:कामनाएँ लेकर आते हैं, और लौटते समय उनके चेहरे पर एक अजीब-सी दिव्यता चमकती है।

इस पुस्तक में मैंने उसी दिव्य यात्रा को शब्दों में पिरोने का प्रयास किया है—

मां की कथा, उनका वैभव, उनका इतिहास, उनके चमत्कार, उनका भक्ति–मार्ग, और वह अनुभव जो हर भक्त के हृदय में अमिट छाप छोड़ जाता है।

यह पुस्तक केवल कहानी नहीं,

एक आध्यात्मिक यात्रा है।

जिसे पढ़ते-पढ़ते पाठक स्वयं पूर्णागिरि माता की छाया का अनुभव करेंगे।

समर्पण

यह पुस्तक समर्पित है—

मां पूर्णागिरि को,

जिनकी कृपा से यह लेखन संभव हुआ।

उन भक्तों को,

जो हर वर्ष कठिन पर्वतों, पगडंडियों और नदी मार्गों को पार करते हुए "जय मां पूर्णागिरि" के जयघोष के साथ इस धाम में पहुँचते हैं।

और

अपने परिवार की शांति, उन्नति और रक्षा के लिए मां के चरणों में प्रणाम करते हैं।

साथ ही समर्पित है—

अपने चंपावत–टनकपुर क्षेत्र की उस पवित्र भूमि को, जहाँ आस्था सिर्फ़ बोली नहीं जाती, जी जाती है।

लेखक का संदेश

देवी की भक्ति मन में प्रकाश उत्पन्न करती है। जब मन टूटता है—मां संभालती हैं। जब मार्ग रुकता है—मां रास्ता दिखाती हैं। जब मनुष्य अपने भीतर कमजोरी महसूस करता है—मां शक्ति बनकर साथ खड़ी होती हैं।

इस पुस्तक का उद्देश्य केवल जानकारी देना नहीं, बल्कि पाठक को यह अनुभव कराना है कि—

पूर्णागिरि माता केवल एक शक्ति–पीठ नहीं, बल्कि एक जीवित चेतना हैं। जो भक्त के हर संकट में सहारा देती है।

संस्कृत श्लोक

"या देवी सर्वभूतेषु शक्तिरूपेण संस्थिता।

नमस्तस्यै नमस्तस्यै नमस्तस्यै नमो नमः॥"

हिंदी अर्थः

जो देवी समस्त प्राणियों में शक्ति के रूप में विद्यमान हैं,

उन माता को बार–बार प्रणाम है।

वे ही सृष्टि की जननी हैं, वे ही शक्ति हैं, वे ही आशा हैं।

दूसरा श्लोक

"सर्वमंगल मांगल्ये शिवे सर्वार्थ साधिके।

शरण्ये त्र्यम्बके गौरी नारायणी नमोऽस्तु ते॥"

हिंदी अर्थ:

हे देवी! आप सब मंगलों में श्रेष्ठ,

सबकी कामनाओं को पूरा करने वाली,

संकट से बचाने वाली,

और कल्याण का मार्ग दिखाने वाली हैं।

आपको कोटि–कोटि नमन।

मेरा प्रयास है कि यह पुस्तक हर उस व्यक्ति के लिए मार्गदर्शक बने जो मां पूर्णागिरि की वास्तविक महिमा को समझना चाहता है।

आप इसे पढ़ते समय काली नदी की शीतल धुन, पहाड़ों की शांत हवा, और मां के धाम की पवित्र शक्तियों को अपने आसपास महसूस करेंगे।

जय मां पूर्णागिरि।

माता पूर्णागिरि शक्ति–पीठ क्या होते हैं

पहाड़ों की शांत साँसों में, जहाँ हवा भी मानो किसी पुरानी अनसुनी प्रार्थना को अपने साथ लेकर चलती है, वहीं जन्म लेती है शक्ति –पीठ की अवधारणा—एक ऐसा स्थान जहाँ सिर्फ़ मिट्टी नहीं, स्वयं देवी का स्पन्दन जीवित माना जाता है। पौराणिक कथाएँ कहती हैं कि जब देवी सती ने अपने पति भगवान शंकर के अपमान को सह न सकने पर अपना शरीर त्याग दिया, तब शंकर शोक और क्रोध में सृष्टि-दिशाओं को भुला बैंठे। उनके कंधों पर सती का शरीर था, और उनका हर कदम प्रलय का संकेत बन चुका था। देवताओं ने भयभीत होकर भगवान विष्णु से विनती की कि वे इस अनवरत शोक को रोकें, वरना ब्रह्मांड अस्त-व्यस्त हो जाएगा। उसी क्षण विष्णु ने अपना सुदर्शन चलाया—और सती के शरीर के अंग अलग-अलग दिशाओं में गिरने लगे। जहाँ-जहाँ वे गिरे, वहाँ-वहाँ शक्ति स्थिर हो गई, जैसे देवी स्वयं धरती पर किसी अदृश्य ऊर्जा को रोप रही हों।

इन स्थलों को शक्ति–पीठ कहा गया—ऐसे पवित्र स्थान जहाँ मनुष्य सिर्फ़ पूजा करने नहीं आता, बल्कि जीवन की थकान उतारने आता है, अपनी आत्मा की टूटन ठीक करने आता है, और उस माँ की गोद में सर रखता है जो सदियों से जाग रही है।

इन्हीं पवित्र स्थलों में एक है—माता पूर्णागिरि, जहाँ पहुँचकर ऐसा लगता है जैसे संसार की सारी चुप्पियाँ अचानक बोलने लगती हैं, और उन आवाज़ों में एक ही स्वर गूँजता है —"माँ यहाँ हैं।"

पूर्णागिरि को लेकर कहा जाता है कि यहाँ सती का नाभि भाग गिरा था। नाभि—जहाँ से जीवन की पहली डोर जुड़ती है, जहाँ से जन्म की चेतना प्रारम्भ होती है। शायद इसी कारण इस स्थान पर भक्ति, जीवन और पुनर्जन्म की अनुभूति सबसे गहरी होती है। जब भक्त यहाँ पहुँचते हैं, तो उनके भीतर कोई पुरानी हलचल, कोई छिपी हुई वेदना, कोई अनकही चाह...सब जैसे खुद-ब-खुद माँ के चरणों में बह जाती है।

टनकपुर से ऊपर उठते रास्तों में, जहाँ पहाड़ एक-दूसरे को ऐसे थामे रहते हैं जैसे दो पुराने साधु ध्यान में बैठे हों, वहीं पूर्णागिरि का मार्ग भक्तों को बुलाता है। इस पथ पर चलना केवल यात्रा नहीं, बल्कि एक अनुष्ठान होता है। हर मोड़ पर हवा थोड़ा और पवित्र होती जाती है, हर मोड़ पर पहाड़ थोड़ा और करीब आता लगता है, और अंदर एक आवाज़ स्पष्ट होती जाती है कि —माँ बुला रही हैं।

देवी के इस शक्ति–स्थल की यही विशेषता है कि यहाँ पहुँचकर व्यक्ति अपनी थकान भूल जाता है। उसकी मन की उलझनें जैसे किसी अदृश्य हाथ से सुलझने लगती हैं। इस स्थान को 'पूर्णागिरि' कहे जाने के पीछे विश्वास यही है—जो यहाँ आता है, उसकी अधूरी इच्छाएँ पूर्ण होती हैं, उसके अपूर्ण मन को पूर्णता मिलती है।

शक्ति–पीठ केवल मंदिर नहीं होते, वे मनुष्य और देवत्व के बीच की वह पतली, पवित्र रेखा होते हैं जहाँ खड़े होकर मनुष्य महसूस करता है कि वह अकेला नहीं है। उसकी पुकार किसी विशाल शक्ति तक पहुँच रही है। पूर्णागिरि में यह अनुभव और भी गहरा है। यहाँ शक्ति का स्वर नरम भी है और दृढ़ भी—जैसे एक माँ जो अपने बच्चे को दुलार भी देती है और राह भी दिखाती है।

पूर्णागिरि के पास बहती शारदा नदी भी मानो इस कथा का हिस्सा बन जाती है। उसकी लहरों में एक निरंतरता है, जैसे सदियों से वही कह रही हो—

“जो माँ की ओर बढ़ रहा है, उसके डर भी पानी की तरह बह जाएंगे।“

यही कारण है कि इस शक्ति–पीठ को ‘जागृत पीठ’ कहा जाता है—एक ऐसा स्थान जो सिर्फ़ पवित्र नहीं, बल्कि जीवित है, स्पन्दित है, और हर पल भक्तों की आस्था को सुन रहा है।

शक्ति–पीठों में एक अदृश्य ऊर्जा होती है; कोई उसे आशीर्वाद कहता है, कोई शांति, कोई चमत्कार। पर पूर्णागिरि में यह ऊर्जा एक माँ की तरह महसूस होती है—गर्म, सुरक्षित, और अपनापन देने वाली। जो यहाँ आता है, वह केवल दर्शन नहीं करता...वह खुद को माँ के सामने खोल देता है। वह अपने जीवन की कहानी, अपने दुख, अपने रहस्य, अपने सपने —सब बिना बोले सुना देता है, और माँ बिना शब्दों के जवाब दे देती हैं।

और शायद यही शक्ति–पीठ होने का वास्तविक अर्थ है—

जहाँ ईश्वर मूर्त रूप में नहीं, बल्कि अनुभूति के रूप में मिलते हैं।

जहाँ आस्था पत्थर नहीं, धड़कन बन जाती है।

जहाँ मार्ग केवल पहाड़ों का नहीं, आत्मा का होता है।

और जहाँ आने वाला हर व्यक्ति थोड़ा टूटकर आता है, लेकिन थोड़ा संवरकर लौटता है।

माता पूर्णागिरि ऐसा ही एक शक्ति–स्थल है—एक जीवित ग्रंथ, जहाँ हर भक्त अपनी कहानी लिखता है और माँ अपने आशीर्वाद से उसे पूरा कर देती हैं।

माँ सती की कथा

ब्रह्मांड की शुरुआत में, जब आकाश अभी पूरी तरह बना भी नहीं था और दिशाओं के पास अपनी पहचान भी नहीं थी, उस समय जगत के भीतर एक सूक्ष्म प्रकाश फूटा था—वह प्रकाश कोई किरण नहीं था, बल्कि एक चेतना थी, एक स्पंदन, जो धीरे-धीरे रूप लेने लगा। उसी स्पंदन से जन्म हुआ आदिशक्ति के अवतार सती का। दक्ष प्रजापति के महल में जब वह छोटी बालिका पहली बार रोई, तो मानो रोने की जगह कोई मधुर संगीत निकला हो। महल की दासी, ऋषि, देवगण—सब कहते थे कि यह बालिका साधारण नहीं है। उसकी आँखों में कुछ ऐसा था जो इस पृथ्वी का नहीं था; जैसे पहाड़ों की शांति, समुद्र की गहराई और अग्नि का तेज तीनों एक सा थ ठहरे हों।

सती बड़ी हुई तो उसके कदमों में अविराम माधुर्य था। वह जब महल के बगीचे में चलती, तो हवा बिना बताए उसके कपड़ों में उलझ जाती, मानो उसे छूकर किसी दिव्य प्रसन्नता में डूब जाती हो। लेकिन सती के भीतर एक ऐसा खालीपन था जिसे वह खुद भी समझ नहीं पाती थी। महल की चहल-पहल, पिता का प्रेम, दासियों का ध्यान —सब कुछ होते हुए भी उसके मन में कोई गहरी पुकार जागी रहती थी। एक नाम, एक आकृति, जिसे उसने कभी देखा नहीं था, पर फिर भी उसे लगता था कि वह उससे अत्यंत परिचित है।

महादेव का नाम उसने पहली बार तब सुना, जब महल में कुछ ऋषि आए थे और दक्ष प्रजापति को बता रहे थे कि कैलाश में एक योगी है, जो भस्म से लिपटा है, जिसके गले में सर्प है, और जिसका ध्यान कभी भंग नहीं होता। ऋषियों ने बताया कि वह योगी संसार का सबसे विरक्त, सबसे गहन और सबसे व्यापक चेतना वाला पुरुष है। सती उन बातों को सुनती रही, लेकिन उसने जो महसूस किया, उसका कोई भी शब्द उसके पास नहीं था। ऐसा लगा जैसे किसी ने उसके हृदय पर हल्की-सी दस्तक दी हो। वह पूरे दिन उन ऋषियों की कही बातें याद करती रही —और रात को तारों को देखते हुए बार–बार वह नाम उसके भीतर गूंजने लगा: महादेव…

समय बीतता गया, पर सती के हृदय में वह आकृति और भी स्पष्ट होने लगी। वह जानती नहीं थी क्यों, पर उसके भीतर किसी अदृश्य डोर ने उसे उस योगी से बाँध दिया था। वह अक्सर नदी किनारे बैठकर उस पहाड़ की ओर देखती जहाँ से उसे लगता था कि महादेव का ध्यान बहकर हवा में घुल रहा है। एक बार उसने अपने मन में चुपचाप पूछा था—"क्या आप मुझे सुन सकते हैं?" और उस दिन हवा एक क्षण के लिए सचमुच थम गई।

धीरे-धीरे उसकी यह भावना भक्ति में बदल गई, और भक्ति संकल्प में। वह महादेव को पाने के लिए तप करने लगी—कठोर, अडिग, अग्नि-जैसा तप। पिता को यह बिल्कुल नहीं भाया। दक्ष प्रजापति के मन में अहंकार था। वे सोचते थे कि उनकी पुत्री का विवाह देवताओं में सर्वोत्तम से होगा—किसी ऐसे देवता से जो वैभव, प्रतिष्ठा और शक्ति का प्रतीक हो। एक विरक्त योगी, जो गहने नहीं पहनता, जो महलों में नहीं रहता, जो

राजसी आचार-विचार से परे है—दक्ष का अहंकार कभी भी यह स्वीकार नहीं कर सकता था। लेकिन सती के मन ने पिता के अहंकार को कभी स्थान ही नहीं दिया। वह जानती थी कि उसकी आत्मा जिस ओर खिच रही है, वह निर्णय कोई मनुष्य नहीं रोक सकता।

और फिर वह क्षण आया जिसका इंतज़ार सृष्टि तक कर रही थी—महादेव ने सती की भक्ति स्वीकार कर ली। उनका विवाह हुआ, पर्वतों के बीच, देवताओं की उपस्थिति में, ऐसी दिव्यता के साथ कि स्वयं समय भी ठहर गया। सती महादेव के साथ कैलाश चली गई—वहीं जहाँ एकान्त हिम की तरह पवित्र था और शांत हवा में तप की गंध थी। सती के लिए वह स्थान महल से कहीं अधिक अपना था। महादेव का मौन, उनका स्नेह, उनका सहज प्रेम—सब कुछ सती के जीवन को पूर्ण कर गया।

पर संसार में हर पवित्रता का सामना कभी न कभी किसी विष से होता है। यह विष सती के पिता दक्ष के रूप में आया। उनका अहंकार सती के निर्णय को कभी स्वीकार न कर पाया। जब उन्होंने यज्ञ का आयोजन किया, तो सभी देवताओं को बुलाया गया, पर महादेव को नहीं। सती को भी नहीं। पर सती का हृदय पिता के इस अपमान को सह न सका। वह बिना आमंत्रण के यज्ञ स्थल पहुँच गई। उसे लगा था कि पिता शायद क्रोध के पीछे प्रेम छुपाए बैठे होंगे। परन्तु जब उसने वहाँ महादेव की निदा सुनी —उनके स्वर में तिरस्कार, अपमान और घृणा—तब सती का हृदय ऐसा टूटा कि स्वयं ब्रह्मांड रो उठा।

उस क्षण सती ने महसूस किया कि वह दो घरों के बीच नहीं है —वह शक्ति है, और शक्ति का अपमान स्वयं संसार का संतुलन तोड़ देता है। उसने अपने भीतर जलती अग्नि में प्रवेश किया, और अपना शरीर त्याग दिया। उस क्षण आकाश फट गया, दिशाएँ काँप उठीं, देवता स्तब्ध रह गए। और जब यह समाचार कैलाश पहुँचा, तो महादेव का मौन पहली बार क्रोध में बदला। उन्होंने सती के शरीर को अपने कंधों पर उठा लिया और संसार भर में घूमने लगे—शोक में डूबे, रिक्त, एक देवता नहीं, एक विरह से व्याकुल पति की तरह।

ब्रह्मांड असंतुलित होने लगा। समय ठहरने लगा। पृथ्वी थरथराने लगी। देवताओं को समझ आ गया कि यदि यह शोक ऐसे ही चलता रहा, तो सृष्टि नष्ट हो जाएगी। तब विष्णु ने सुदर्शन चक्र उठाया और सती के शरीर को अलग-अलग भागों में विभक्त कर दिया। जहाँ-जहाँ वे भाग गिरे, वहाँ-वहाँ शक्ति स्थिर हो गई—और वहीं बने शक्ति –पीठ। इन्हीं पवित्र स्थलों में एक स्थान था—वह जहाँ आज पूर्णागिरि के नाम से माता की असीम उपस्थिति महसूस की जाती है।

सती का शरीर भले ही विभक्त हुआ, पर उनकी शक्ति कभी नहीं टूटी। वे पुनः जन्म लेंगी—महादेव की तपस्या के लिए, संसार के संतुलन के लिए, और उस प्रेम को पुनः पूरा करने के लिए जो मृत्यु से भी बड़ा था।

यह कहानी केवल देवताओं की कथा नहीं है। यह प्रेम की वह यात्रा है जो अहंकार से भिड़ जाती है, यह त्याग की वह अग्नि है जो संपूर्ण सृष्टि को पवित्र कर देती है, और यह शक्ति की वह स्मृति है जो हर भक्त के दिल में आज भी जीवित है

नाभि की उत्पत्ति — पूर्णागिरि का महत्त्व

पहाड़ों के बीच बहती सुबह की पहली रोशनी जब पूर्णागिरि की ढलानों पर गिरती है, तो ऐसा लगता है जैसे सूर्य भी किसी पुरानी कथा को याद कर रहा हो—एक ऐसी कथा, जिसकी जड़ें स्वयं ब्रह्मांड की उत्पत्ति से जुड़ी हैं। हवा में एक अलग-सी सुगंध होती है, और लगता है कि धरती अपने भीतर सुरक्षित उस रहस्य को फिर से सांसों में जगाने लगी है —वह रहस्य जो सती की नाभि से शुरू होकर इस पवित्र पर्वत को "पूर्णागिरि" बनाता है।

कहते हैं कि जब सती ने अपने पिता के यज्ञ में अपमान सहकर अग्नि में प्रवेश किया, तब उनकी देह केवल जलकर राख नहीं हुई थी; वह देह संसार के संतुलन की धुरी थी। महादेव अपने शोक में उस देह को लेकर चल पड़े, और संसार इस विरह की ज्वाला में डगमगाने लगा। देवताओं की चिता बढ़ने लगी। समय रुक-सा गया था, दिशाएँ भयभीत थीं, और मानो धरती भी रो रही थी। विष्णु ने जब सुदर्शन चक्र चलाया, तब सती का शरीर अलग-अलग भागों में छिटक गया—और जहाँ-जहाँ वे गिरे, वहाँ-वहाँ शक्ति स्थिर हो गई।

उन्हीं स्थलों में एक था—वह स्थान जहाँ सती की नाभि गिरी।

नाभि... एक ऐसा अंग जिसे प्राचीन ऋषियों ने "जीवन का केंद्र" कहा है। मनुष्य का पहला संबंध दुनिया से नाभि के माध्यम से ही जुड़ता है। गर्भ में यही वह बिदु है जो माँ से बच्चे को जीवन देता है, पहला अन्न, पहली

साँस, पहली चेतना इसी डोर से आती है। शायद इसी कारण नाभि को "प्राण का मूल केन्द्र" कहा गया है।

और जब सती जैसी दिव्य शक्ति की नाभि पृथ्वी को स्पर्श करती है, तो वहाँ केवल एक तीर्थ नहीं बनता —वहाँ शक्ति का धड़कता हुआ हृदय बस जाता है।

पूर्णागिरि की मिट्टी में इसलिए वह कंपन है, जैसे धरती अभी भी उस दिव्य स्पर्श को संजोए हुए हो। यहाँ आने वाला हर भक्त अक्सर यह कहता है कि जैसे ही वह पर्वत के उत्थान पर कदम रखता है, उसकी साँसें अचानक हल्की हो जाती हैं, दिल किसी अनजानी अनुभूति से भर उठता है, और मन में एक ऐसी गर्माहट उतरती है जो सामान्य नहीं लगती। यह वही ऊर्जा है जो सती की नाभि के गिरने के क्षण से यहाँ प्रवाहित है—निरंतर, अविचल, अनन्त।

कभी-कभी पहाड़ों पर खड़े होकर लगता है कि हवा कोई प्राचीन कथा दोहरा रही है, और उस कथा की सबसे गहरी पंक्ति यही है—

"जहाँ नाभि गिरी, वहाँ पूर्णता उतरी।"

इसीलिए इस स्थान का नाम "पूर्णागिरि" पड़ा—पूर्णता का पर्वत, पूर्ण शक्ति का पीठ, पूर्ण आशीष का स्थान।

यहाँ आने वाले भक्त जब शारदा नदी के किनारे अपनी मनोकामनाएँ माँ को अर्पित करते हैं, तो नदी के जल में एक हल्की-सी चमक दिखाई देती है, मानो नदी भी माँ की उस ऊर्जा को ढो रही हो जो नाभि के माध्यम से पृथ्वी में स्थापित हुई थी। यह माना जाता है कि यहां की नदी में बहने वाले

कण तक देवी की चेतना के वाहक हैं। कई बार भक्त कहते हैं कि पर्वत से गिरती हवा उनके माथे से टकराकर ऐसा एहसास देती है, जैसे कोई अदृश्य हथेली उन्हें आशीर्वाद दे रही हो।

पूर्णागिरि केवल एक शक्ति–पीठ नहीं; यह वह स्थान है जहाँ जन्म, पुनर्जन्म, और आत्मा का पूर्ण चक्र एक साथ प्रकट होता है। नाभि के रूप में सती ने इस भूमि को वह ऊर्जा दी, जो मनुष्य को टूटे हुए से जुड़ा हुआ और डरे हुए से साहसी बना देती है।

यहाँ आकर लगता है कि माँ केवल देवी नहीं, बल्कि समस्त जीवन की धड़कन हैं।

रात के समय जब पूर्णागिरि के ऊपर चंद्रमा खामोशी से उतरता है, तब यह पर्वत और भी पवित्र दिखाई देता है। दूर से देखने पर लगता है जैसे कोई प्रकाश-रेखा पर्वत से उठकर आकाश से जुड़ रही हो—वह वही केंद्र है, जहाँ सती की नाभि गिरी थी। धरती और आकाश के बीच यह अदृश्य संबंध आज भी जीवित है, और इसी से पूर्णागिरि को जागृत पीठ कहा जाता है। यहाँ शक्ति सोती नहीं; वह हर क्षण प्राण देती रहती है।

कई वृद्ध साधुओं ने कहा है कि उन्होंने रात के पहर पर्वत पर खड़े होकर एक कंपन महसूस किया है—धीमी, कोमल, पर अत्यंत गहरी—जैसे कोई महान हृदय धड़क रहा हो। वे कहते हैं कि यह धड़कन सती की नाभि से धारण की गई ऊर्जा है, जो धरती के भीतर निरंतर स्पंदित हो रही है।

हर भूख मिटाने वाली ऊर्जा, हर पीड़ा को नरम करने वाला स्पर्श, हर मनोकामना को पूर्णता देने वाली शक्ति—सब इसी स्थान से उत्पन्न होती है।

इसलिए कहते हैं कि पूर्णागिरि में माँ को पुकारना केवल शब्दों का प्रयोग नहीं; यह वह पुकार है जो सीधे उस केंद्र से जुड़ती है जहाँ सती की नाभि गिरी थी।

और जब कोई भक्त सच में पुकारता है, तो पर्वत की हवा थोड़ा-सा बदल जाती है—जैसे माँ ने सुन लिया हो।

पूर्णागिरि का महत्व कभी शब्दों में पूरा नहीं उतरता, क्योंकि यह स्थान केवल इतिहास नहीं, बल्कि अनुभूति है। यह वह भूमि है जहाँ देवी ने अपनी शक्ति को धरती में प्रवाहित किया था, जहाँ प्राण का मूल बिंदु पृ थ्वी से मिला, और जहाँ हर भक्त आज भी माँ की उसी पूर्ण ऊर्जा को महसूस करता है।

जो यहाँ आता है, वह अधूरा आता है—

और जो लौटता है, वह पूरा होकर लौटता है।

यही "नाभि की उत्पत्ति"—और यही पूर्णागिरि का चिरंतन महत्त्व है।

पूर्णागिरि का पुराणों में वर्णन

पुराणों की दुनिया एक ऐसी नदी है जो समय के आर -पार बहती रहती है। कभी किसी ऋषि के मन में, कभी किसी देवता की सांसों में, तो कभी किसी तीर्थ के पवित्र धूल-कणों में। इन्हीं पुरातन स्मृतियों में एक स्थान बार-बार प्रकट होता है—एक पर्वत, एक शक्ति–स्थल, एक चेतना—पूर्णागिरि। ऐसा माना जाता है कि जब भी कोई ऋषि गहन ध्यान में डूबता था, तो उसके अंतर्मन में उठती दिव्य ज्योति उसी दिशा की ओर संकेत करती थी जहाँ पूर्णागिरि स्थित है। जैसे यह पर्वत केवल धरती पर नहीं, बल्कि स्वयं पुराणों के हृदय में धड़कता हो।

पुराणों में कहा गया है कि जहाँ-जहाँ सती के शरीर के अंग गिरे, वहाँ शक्ति ने अपने स्थायित्व का केंद्र बनाया। पर नाभि का गिरना केवल एक घटना नहीं था; यह ब्रह्मांडीय ऊर्जा का पृथ्वी से जुड़ने का क्षण था। इसलिए पुराणकारों ने लिखा—"यत्र नाभि पतिता तत्र पूर्णत्वं देव्या वसति।"

जिस भूमि पर नाभि गिरी, वहाँ देवी ने अपनी पूर्णता को स्थापित किया।

और यही पूर्णागिरि है।

पुराणों में वर्णन आता है कि एक समय ऐसा था जब देवता भी इस तथ्य पर विस्मित थे कि नाभि जैसी सूक्ष्म शक्ति का जो केंद्र है, वह पृथ्वी पर किस रूप में जगेगा। पर जैसे ही वह अंग गिरा, दिशा बदल गई, हवाएँ स्थिर हो

गईं, और उस क्षेत्र में एक ऐसी दिव्य सुगंध फैल गई जिसे देवताओं ने भी पहले कभी महसूस नहीं किया था। कहते हैं कि उस दिन मानो सूर्य ने अपने स्वर्णिम प्रकाश को थोड़ा और पास कर दिया हो, और चंद्रमा ने अपनी चांदनी कुछ क्षण देर तक धारण की हो—जैसे आकाश भी इस घटना का साक्षी बनना चाहता हो।

विष्णु पुराण में वर्णन मिलता है कि देवगण उस स्थान पर उतरे जहाँ धरती ने अचानक अद्भुत तपन और ओज धारण कर लिया था। उन्हें लगा जैसे पर्वत के भीतर कोई ज्वाला चेतन हो गई हो। पर वह ज्वाला अग्नि की नहीं, बल्कि शक्ति की थी। पर्वत के पीताभ रंग में ऐसी आभा थी कि वह साधारण पर्वत नहीं लगता था, वह किसी तपस्वी का देहरूप प्रतीत होता था जिसने अनादि काल से धैर्यपूर्वक शक्ति को धारण किया हो।

स्कंद पुराण में उल्लेख है कि इस स्थान पर एक विशेष कंपन था—एक "नाभि–स्पंदन"—जो केवल सूक्ष्म दृष्टि वाले ऋषि महसूस कर पाते थे। वे कहते थे कि यह स्पंदन जीवन का मूल स्पर्श है। जिस प्रकार गर्भ में नाभि का कंपन माँ और शिशु के बीच पहला संवाद होता है, उसी प्रकार पूर्णागिरि पर यह स्पंदन पृथ्वी और देवी के बीच एक अनन्त संवाद है। इसी स्पंदन को आज भी साधक ध्यान में सुन पाने का दावा करते हैं—एक धीमा, गहरा, अनन्त नाद: "श्री...श्री...श्री..."

वामन पुराण में लिखा है कि जब देवी का यह अंग पृथ्वी से मिला, तब आसपास के वृक्ष अचानक फूलों से लद गए, और एक ऐसी हवा चली जिसमें मधुर ध्वनि थी—जैसे हवा अपने भीतर कोई मंत्र दोहरा रही हो। यह वही

समय माना जाता है जब इस पर्वत को “पूर्णागिरि” नाम मिला—वह पर्वत जहाँ पूर्णता वास करती है।

कहा गया—

“देव्याः पूर्णत्वं यत्र वसति स पर्वतः पूर्णागिरिः इति कथ्यते।“

जहाँ देवी की पूर्णता बसती है, उसी पर्वत का नाम पूर्णागिरि है।

पीठ–खंड में भी उल्लेख मिलता है कि यह स्थान भूगोल नहीं, बल्कि चेतना का केंद्र है। वहाँ का एक-एक कंकड़, एक-एक पत्ता, एक-एक हवा की लहर देवी के स्पर्श से भरी हुई है। पुराणों में वर्णित है कि जब कोई भक्त सच्चे मन से नाम जपता है, तो पूर्णागिरि की शक्ति उसकी पुकार को सुनकर हल्की-सी लहर भेजती है। यह लहर हवा के रूप में भी हो सकती है, अचानक आई गर्माहट के रूप में भी, या फिर आँखों में अनायास आ गए आँसुओं के रूप में भी—क्योंकि देवी का आशीर्वाद हमेशा किसी रूप में उतरता है।

पुराणों के ऋषि कहते थे कि पूर्णागिरि का मार्ग कठिन नहीं, बल्कि पवित्र है। इस मार्ग पर चलते हुए हर मनुष्य अपनी जीवन यात्रा भी चलता है—अहंकार से भक्ति की ओर, बेचैनी से शांति की ओर, खोज से प्राप्ति की ओर। जब कोई पूर्णागिरि के शिखर के पास पहुँचता है, तो कहते हैं उसे महसूस होता है कि उसके भीतर जो अधूरापन था, वह धीरे-धीरे घुल रहा है। पुराणों के अनुसार यह वही क्षण होता है जब भक्त की चेतना, नाभि – स्थ शक्ति से जुड़ती है—एक सूक्ष्म, शब्दहीन मिलन।

भागवत पुराण में एक कथा मिलती है कि एक बार नारद मुनि ने देवताओं से कहा था—

"पूर्णागिरि वह स्थान है जहाँ देवी ने अपना मौन स्थापित किया है।"

देवताओं ने पूछा—"मौन भी स्थापित होता है?"

नारद मुस्कुराए—"हाँ, क्योंकि यह वही मौन है जो दिल के भीतर बोलता है। जो भक्त की पीड़ा को बिना शब्द के सुनता है। और जो उसे बिना कहे उत्तर देता है।"

कई पुराणों में उल्लेख है कि पूर्णागिरि वह स्थान है जहाँ तीनों लोकों की शक्तियाँ मिलती हैं—भू, भुवः और स्वः। पर्वत का ऊपरी भाग आकाश के निकट लगता है, और निचला भाग नदी के पास। इसलिए कहते हैं कि यह स्थान त्रिवेणी है—नदी की धारा, पर्वत की शक्ति, और आकाश का आशीष—तीनों का संगम। यही कारण है कि यहाँ की प्रार्थना शीघ्र फलित होती है। क्योंकि प्रार्थना केवल पृथ्वी तक नहीं रहती; वह आकाश तक उठती है और शक्ति के पास लौटती है।

पुराणों में यह भी लिखा है कि पूर्णागिरि वह स्थान है जहाँ देवी केवल देवी नहीं रहतीं—वह माँ बन जाती हैं। क्योंकि नाभि का अर्थ ही माँ –संबंध से है। जब भक्त यहाँ जाकर रोता है, तो पुराण कहते हैं कि माँ उसके सिर पर अपना अदृश्य हाथ रखती हैं। जब वह डरता है, तो पर्वत की छाया उसे ढक लेती है। जब वह टूट जाता है, तो नदी उसका बोझ बहा ले जाती है। और जब वह खो जाता है, तो हवा उसे राह दिखा देती है।

इसीलिए कहा गया—

"पूर्णागिरि न केवल शक्ति–पीठ है—यह देवी का धड़कता हुआ हृदय है।"

पुराणों में वर्णित यह दिव्यता आज भी उसी तरह जीवित है। पर्वत अब भी उतना ही शांत है, नदी उतनी ही पवित्र है, हवा में वही पुरानी सुगंध है। और हर भक्त जो अपना मन वहाँ रख आता है, वह किसी अद्भुत शांति के साथ लौटता है—क्योंकि पूर्णागिरि केवल कथा नहीं, अनुभव है; केवल स्थल नहीं, स्पंदन है; केवल पीठ नहीं, माँ का प्रेम है।

देवी भागवत में पूर्णागिरि का उल्लेख

देवी-भागवत पुराण उन ग्रंथों में से है जो केवल देवी की कथा नहीं सुनाता, बल्कि देवी की अनुभूति कराता है। इसे पढ़ते हुए लगता है जैसे शब्द नहीं, स्वयं शक्ति चल रही हो। इस ग्रंथ के अनेक प्रसंगों में सती की कथा ऐसे उभरती है जैसे शांत सरोवर में चांदनी उतरती है—धीमी, उजली, और आत्मा को भीतर तक छू लेने वाली। इन्हीं प्रसंगों में एक उल्लेख आता है उस पवित्र स्थान का, जिसे आज हम पूर्णागिरि नाम से जानते हैं—वह स्थल जहाँ देवी की नाभि गिरी थी, और जहाँ आज भी उनकी शक्ति निरंतर स्पंदित होती है।

देवी-भागवत में बताया गया है कि जब सती ने अपमान सहकर अपने शरीर का त्याग किया, तब यह घटना केवल एक स्त्री का विरह नहीं थी; यह शक्ति का धधकता हुआ तूफान था जिसने स्वयं देवताओं के हृदय को भय से भर दिया। जब महादेव सती के शव को अपने कंधों पर रखकर दिशाओं में घूम रहे थे, तब आकाश में ऐसी गूंज उठी जिसे देवगण भी सहन नहीं कर सके। यह शोक इतना विराट, इतना तीक्ष्ण था कि समय भी उस क्षण थम गया था।

देवी-भागवत वर्णन करता है कि जब विष्णु ने सुदर्शन चलाया, तो सती का शरीर पृथ्वी पर अनेक स्थलों पर गिरा—और जहाँ-जहाँ उनके अंग गिरे, वहाँ-वहाँ शक्ति ने अपनी उपस्थिति स्वयं धारण की। परन्तु जब उनका

नाभि–स्थ अंग गिरा, तो धरती पर एक ऐसी अलौकिक ऊर्जा प्रकट हुई जिसे किसी भी वेद, किसी भी ऋषि ने पहले कभी अनुभव नहीं किया था। ऐसा लगा जैसे पृथ्वी ने अचानक प्राण भर लिए हों।

देवी भागवत कहता है—

"यत्र नाभि पतिता देव्या तत्र पूर्णत्वं सदा वसति।"

जहाँ देवी की नाभि गिरी, वहाँ पूर्णता स्वयं निवास करती है।

पूरा ग्रंथ इस वाक्य को केवल एक श्लोक नहीं, बल्कि एक सत्य की तरह प्रकट करता है। लेखक जैसे चेतावनी देता है कि इस स्थल को समझने के लिए केवल भक्ति नहीं, बल्कि हृदय की गहराई चाहिए —क्योंकि नाभि वही बिदु है जहाँ जीवन की पहली धड़कन जन्म लेती है। और जब वही बिदु देवी की दिव्यता का वाहक बनकर पृथ्वी पर उतरा, तो वह स्थान केवल भूमि नहीं रहा—वह पूर्ण-शक्ति का केंद्र बन गया।

ग्रंथ में यह भी वर्णित है कि जब सती का नाभि-स्थ अंग पर्वत पर गिरा, तब देवताओं की दृष्टि में उस क्षण कोई साधारण परिवर्तन नहीं हुआ था। पर्वत अचानक ऐसे चमक उठा था जैसे किसी ने उसके भीतर दीप जला दिया हो। उसकी चट्टानों में हल्की -सी गूंज उठी, और हवा में एक मधुर ध्वनि—कोई मंत्र, कोई अनसुना उच्चारण—धीरे-धीरे फैलता चला गया। ऋषियों ने इस स्थान को देखते ही कहा था,

"यह पर्वत अब केवल पर्वत नहीं रहा —यह देवी का रहस्य-स्थल है। यहाँ स्वयं शक्ति विश्राम करती है।"

कुछ ऋषि लिखते हैं कि उस रात जब चंद्रमा पर्वत पर उतरा, तब उसने अपने प्रकाश को ऐसे रोका जैसे उसके सामने कोई महान तपस्वी सो रहा हो। चांदनी झुकी, हवा थमी, और आसमान में छाई निस्तब्धता किसी गहरे चमत्कार का संकेत दे रही थी।

देवी-भागवत में एक सुंदर आख्यान आता है कि जब पहली बार देवी के उपासक इस स्थल पर पहुँचे, तो उन्होंने देखा कि पर्वत की चोटी पर एक असाधारण तेज है—यह तेज अग्नि का नहीं, सूर्य का नहीं, बल्कि किसी मातृत्व की ऊष्मा का था। ऐसा लगता था जैसे देवी पृथ्वी पर लेटी हों, और पर्वत उनकी देह का विस्तार हो। नदी नीचे से बहते हुए उनके चरण धो रही थी, और हवा उनके वस्त्रों की तरह पर्वत को ढक रही थी।

ग्रंथकार लिखता है—

"पूर्णागिरि नाम ततः प्रसिद्धम्। कारणं एतत् यत् देवी अत्र पूर्णरूपेण वसति।"

पूर्णागिरि इसलिए प्रसिद्ध हुआ, क्योंकि यहाँ देवी पूर्ण रूप में वा स करती हैं—ना आधी शक्ति, ना अंश, बल्कि संपूर्ण, जागृत, प्रकट शक्ति।

देवी-भागवत में एक ऋषि संवाद में कहते हैं कि जो मनुष्य इस स्थान पर पहुँचता है, वह अपने भीतर एक कंपन महसूस करता है। यह कंपन भय का नहीं, बल्कि किसी खोई हुई माँ से मिलने का होता है। यह वही स्पं दन है जो गर्भस्थ शिशु की पहली धड़कन से जुड़ा होता है। कहते हैं कि पूर्णागिरि

पर यह धड़कन आज भी सुनाई देती है—जो सुन सके, उसे अपनी आत्मा की गहराई में इसका नाद महसूस होता है।

ग्रंथ आगे बताता है कि एक बार देवताओं ने स्वयं इस स्थान का दर्शन किया। वे पर्वत की चोटी तक पहुंचे और वहाँ के मौन को सुनने लगे। उस मौन में भी एक स्वर था—बहुत धीमा, बहुत कोमल, जैसे किसी माँ की फुसफुसाहट। देवताओं ने कहा,

"यह स्थान केवल धरती का नहीं; यह लोकों के पार का है। यहाँ देवी का मौन भी मंत्र है।"

देवी-भागवत में यह भी आता है कि जो प्रार्थना यहाँ की जाती है, वह व्यर्थ नहीं जाती। क्योंकि पूर्णागिरि में नाभि -स्थ शक्ति केवल आशीर्वाद नहीं देती, बल्कि प्रार्थना को उसी पूर्णता से पुनः लौटाती है जिससे जीवन शुरू होता है। यही कारण है कि लोग कहते हैं—पूर्णागिरि में किया गया एक संकल्प, सौ जन्मों का फल दे सकता है।

ग्रंथ के अंतिम वर्णनों में लिखा है कि यह शक्ति -पीठ जागृत है। देवताओं ने इसे "चेतन पीठ" कहा।

क्योंकि यहाँ शक्ति सोई नहीं रहती, वह श्वास लेती है, स्पंदित होती है, और भक्त के भीतर उतरती है।

यह वही स्थान है जहाँ देवी ने स्वयं को पृथ्वी में नाभि-रूप में स्थापित किया—और तभी से यह पर्वत पूर्णता का धाम बन गया।

देवी-भागवत का वर्णन समाप्त होते-होते एक पंक्ति बार-बार लौटती है—

"यत्र पूर्णागिरि तत्र मां सदा अनुभवति भक्तः।"

जहाँ पूर्णागिरि है, वहाँ भक्त माँ को हमेशा महसूस करता है।

यह केवल शब्द नहीं; यह व ह सत्य है जो आज भी पर्वत की हवा में, नदी के बहाव में, और भक्त के आँसुओं में जीवित है।

स्कन्द पुराण में पूर्णागिरि

स्कन्द पुराण, जो देवताओं के लोक से लेकर पृथ्वी के कण -कण का इतिहास संजोता है, उसमें एक ऐसा वर्णन आता है जो स्वयं शक्ति का आभास देता है। यह वर्णन न किसी युद्ध का है, न किसी चमत्कार का—यह उस शांत, परंतु अनन्त शक्ति के उद्भव का वर्णन है जो आज भी पूर्णागिरि की मिट्टी में जीवित है।

स्कन्द पुराण के पन्ने पलटते हुए ऐसा लगता है जैसे कोई बहुत प्राचीन, बहुत कोमल, पर अत्यंत गंभीर आवाज़ आपको उस पर्वत की ओर बुला रही हो, जहाँ कभी देवी की नाभि पृथ्वी को छूकर लेटी थी।

पुराण में बताया गया है कि जब सती ने यज्ञ की अग्नि में प्रवेश किया और उनके तप्त, दिव्य शरीर ने देह-त्याग किया, तब महादेव का शोक आकाशों में गूंज उठा। उनका क्रोध और वेदना इतने प्रचण्ड थे कि दिशाएँ कांपने लगीं, धरती बोझिल हो गई, और देवताओं को यह भय होने लगा कि यदि महादेव को रोका न गया, तो सृष्टि की नियम-व्यवस्था बिखर जाएगी।

उसी समय विष्णु ने सुदर्शन चक्र उठाया, और सती की देह के अंग आकाश में चमकते हुए पृथ्वी पर विभिन्न स्थानों पर गिरे। स्कन्द पुराण इसी क्षण पर रुककर कहता है—

"यह वह समय था जब पृथ्वी पहली बार देवी के शरीर से सीधे स्पर्शित हुई।"

और इन्हीं स्थानों में एक वह पवित्र स्थल था जहाँ सती की नाभि उतरी।

स्कन्द पुराण इस घटना का वर्णन सरल शब्दों में नहीं करता; वह इसे एक ब्रह्मांडीय परिवर्तन की तरह प्रस्तुत करता है।

ग्रंथ में कहा गया—

"यत्र नाभि पतिता तत्र पृथिवी पूर्णत्वं धारयामास।"

जहाँ नाभि गिरी, वहाँ पृथ्वी ने पूर्णत्व—पूर्णता, संपूर्ण चेतना—को धारण कर लिया।

स्कन्द पुराण यह भी लिखता है कि जिस क्षण नाभि धरती से मिली, उस पर्वत पर अद्भुत स्थापत्य-सा परिवर्तन हुआ। साधारण पत्थर अचानक ऐसे चमकने लगे जैसे चंद्रमा का उजाला उनमें समा गया हो। पर्वत का स्वरूप मानो जीवित हो उठा—एक शांत साधक की तरह, जो आँखें बंद किए गहरे ध्यान में बैठा हो।

उस स्थान पर उपस्थित देवताओं ने कहा था —

"यह पर्वत अब जागृत है। इसने देवी को आत्मसात कर लिया है।"

ऋषियों का अनुभव उस समय बिल्कुल अलौकिक था। उन्होंने महसूस किया कि उनके पैरों के नीचे की धरती हल्की धड़क रही है —जैसे उनकी हथेली पर किसी शिशु की नाभि-स्थ धड़कन महसूस होती है। यह कंपन इतना सूक्ष्म था कि केवल वे ही अनुभव कर सकते थे जिनके भीतर भक्ति की अग्नि प्रज्वलित थी।

वे बोले—

"यह नाभि नहीं, यह संपूर्ण जीवन का मूल -चक्र है। इस स्थल पर देवी का प्राण निवास करता है।"

स्कन्द पुराण में यह भी वर्णित है कि जब देवताओं ने इस स्थान को देखा, तो वे आश्चर्य में पड़ गए। पर्वत का नाम तब कुछ और था, परंतु जैसे ही शक्ति ने उसमें स्वयं को स्थापित किया, उसके स्वरूप में एक पूर्णता उतर आई। देवताओं ने इसे "पूर्णागिरि" कहा —

वह पर्वत जो पूर्णता से भरा है, वह पर्वत जो देवी की संपूर्ण चेतना को धारण करता है, वह पर्वत जहाँ नाभि के रूप में जीवन का प्रथम केंद्र प्रकट हुआ।

स्कन्द पुराण के अनुसार, पूर्णागिरि पर जो दिव्य प्रकाश प्रकट हुआ था, वह केवल कुछ क्षणों का नहीं था; वह प्रकाश पर्वत की चट्टानों में स्थायी रूप से बस गया। आज भी भक्त जब सुबह पर्वत को देखते हैं, तो उन्हें लगता है कि सूर्य की पहली किरण वहाँ किसी और स्थान से अधिक उज्ज्वल क्यों दिखाई देती है—यह वही दिव्य ज्योति है, जो सदियों पहले देवी के नाभि-स्थ अंग के स्पर्श से पर्वत में उतर गई थी।

ग्रंथ में एक अत्यंत सुंदर वर्णन आता है—

कहा गया कि जब हवा पूर्णागिरि से होकर गुजरती है, तो वह केवल हवा नहीं रहती; वह देवी की सां से बन जाती है। ऋषि लिखते हैं कि पर्वत पर बहने वाली हर बयार में कोई न कोई मंत्र छुपा है, जो केवल भक्त के हृदय तक पहुँचने के लिए चल रही है।

वे कहते थे—

"पूर्णागिरि की हवा श्वास नहीं, शक्ति की वाणी है।"

स्कन्द पुराण में यह भी उल्लेख है कि यह स्थान साधकों के लिए सिद्धि-स्थल था। यहाँ बैठकर योगी मन को उस पूर्णता से जोड़ते, जिसे सनझने के लिए जन्मों का तप आवश्यक है।

कहा जाता है कि यहाँ ध्यान करने पर मन स्वयं ही नाभि–चक्र तक पहुँच जाता है—क्योंकि इस भूमि पर नाभि का स्पंदन सतत जागृत है।

ग्रंथ में एक स्थान पर देवता स्वयं कहते हैं कि पूर्णागिरि केवल एक शक्ति-पीठ नहीं है; यह वह स्थान है जहाँ देवी के त्याग, प्रेम, और शक्ति का केंद्र एक साथ विद्यमान है। जिस देवी ने संसार के संतुलन के लिए अपना शरीर त्याग दिया, उनकी शक्ति इस पर्वत पर स्थायी रूप से स्थापित हो गई—और तभी से यह स्थान जागृत कहलाता है।

यह भी कहा गया है कि पूर्णागिरि की आराधना साधारण नहीं। यहाँ की प्रार्थना सीधी देवी तक पहुँचती है, क्योंकि नाभि स्वयं "जीवन -डोर" है। जिस प्रकार माँ और शिशु नाभि के माध्यम से जुड़े रहते हैं, उसी प्रकार पूर्णागिरि पर भक्त और देवी भी इसी ऊर्जा से जुड़ जाते हैं।

इसी कारण स्कन्द पुराण में इसे "माँ का धड़कता हुआ केंद्र" कहा गया है।

कथा में एक प्रसंग आता है कि जब नारद मुनि पूर्णागिरि पर पहुँचे, तो उन्होंने पर्वत को देखकर कहा —

"यहाँ शब्दों की आवश्यकता नहीं। यहाँ मौन ही मंत्र है।"

और वास्तव में, आज भी जब कोई भक्त पूर्णागिरि पहुँचता है, तो उसके भीतर एक ऐसी शांति उतरती है जो शब्दों में नहीं उतरती —वह नाभि-स्थ माँ की ही ऊर्जा है, जो मन में अपना गरम, करुण स्पर्श छोड़ जाती है।

स्कन्द पुराण अपने वर्णन को समाप्त करते हुए कहता है—

“पूर्णागिरि स्वयं देवी का जीवित स्वरूप है।“

और यह सत्य आज भी उतना ही ज्वलंत, उतना ही प्रकाशमान है जितना उस समय था जब पहली बार देवी की नाभि ने इस पर्वत को स्पर्श किया था।

माँ पूर्णागिरि और हिमालय का आध्यात्मिक संबंध

हिमालय... यह नाम केवल बर्फ़ से ढका कोई पर्वत-समूह नहीं, बल्कि पृथ्वी का सबसे पुराना रक्षक है। वह रक्षक, जिसकी चट्टानों में देवताओं के पदचिह्न बसे हैं, जिसकी हवा में ऋषियों का तप घुला है, और जिसकी निस्तब्धता में देवी का मौन बसा है। कहते हैं कि हिमालय केवल पर्वत नहीं; एक जीवित देवता है—एक ऐसा पिता, जिसने सती को जन्म दिया, जिसने पार्वती को पाला, और जिसने स्वयं शक्ति को अपने हृदय पर स्थान दिया।

इन्हीं हिमालय की गोद में एक दिव्य चमक की तरह उभरता है पूर्णागिरि—वह स्थान जहाँ सती की नाभि गिरकर शक्ति को स्थायी बना गई। पूर्णागिरि को समझना हो, तो हिमालय को समझना आवश्यक है; और हिमालय को समझना हो, तो शक्ति के रहस्य को स्वीकार करना पड़ता है।

क्योंकि यह दोनों एक-दूसरे से अलग नहीं। यह संबंध माँ और पिता का है, धड़कन और शरीर का है, प्राण और ब्रह्म का है।

हिमालय के शिखरों पर जब बर्फ़ गिरती है, तो वह केवल बर्फ़ नहीं गिरती; ऐसा लगता है जैसे कोई बहुत पुरानी, बहुत कोमल आशीष पहाड़ों से नीचे उतर रही हो। पूर्णागिरि पर आने वाली हवा उसी आशीष को अपने

भीतर लेकर आती है। कहा जाता है कि यह हवा माँ के आंचल की तरह है, जो भक्त के माथे पर शांत स्पर्श छोड़ जाती है।

ऋषि लिखते हैं कि हिमालय की हवा और पूर्णागिरि की शक्ति एक साथ बहती हैं—एक मौन संवाद में, जिसे केवल साधक ही समझ पाते हैं।

देवी-पुराणों में अनेक बार कहा गया है कि जहाँ -जहाँ शक्ति ने प्रकट होकर पृथ्वी को स्पर्श किया, उन सभी स्थलों को प्राकृतिक संरक्षक के रूप में हिमालय का सहारा मिला। मानो स्वयं पर्वतराज ने यह दायित्व लिया हो कि शक्ति की उपस्थिति को कोई अपवित्रता, कोई अशांति, कोई अराजकता छू भी न सके।

इसीलिए पूर्णागिरि कभी अकेला नहीं दिखता; उसके पीछे, उसकी ओर निहारते हुए, सदैव हिमालय खड़ा रहता है—एक मौन प्रहरी की तरह।

स्कन्द पुराण में वर्णन आता है कि जब सती की नाभि धरती पर उतरी, तो हिमालय ने एक हल्का कंपन महसूस किया। यह कंपन किसी भूकंप का नहीं था; यह वैसा था जैसे कोई पिता अपने बच्चे के रोने की पहली आवाज सुनता है। हिमालय ने उस ऊर्जा को स्वीकार किया और कहा—

“उत्सङ्गे धारयिष्यामि।“

मैं इसे अपनी गोद में धारण करूँगा।

और तभी से पूर्णागिरि, हिमालय के हृदय में एक चमकते हुए रत्न की तरह स्थापित हो गया।

हिमालय का एक और रहस्य है—वह केवल भौतिक रूप से ऊँचा नहीं, वह चेतना में भी ऊँचा है। उसकी चोटी तक पहुँचना केवल चढ़ाई नहीं; यह

आत्मा का उठना है। पूर्णागिरि की ओर जाने वाला मार्ग इसलिए कई साधकों को ऐसा लगता है जैसे वे स्वयं अपने भीतर के पर्वत की ओर बढ़ रहे हों।

भक्त जब पूर्णागिरि चढ़ता है, तो उसके कदमों के नीचे से उठती मिट्टी में हिमालय का मौन मिलता है, और ऊपर से बरसती शक्ति की कृपा। यह वही मिलन है जिसने पूर्णागिरि को केवल शक्ति-पीठ नहीं, बल्कि हिमालय का धड़कता हुआ केंद्र बना दिया।

हिमालय की चट्टानों पर बसा शीतलपन और पूर्णागिरि की शक्ति की ऊष्मा—ये दोनों विपरीत लगते हैं, पर वास्तव में, यह दोनों एक -दूसरे के पूरक हैं।

हिमालय स्थिरता है, पूर्णागिरि स्पंदन है।

हिमालय शरीर है, पूर्णागिरि आत्मा है।

हिमालय पिता का मौन है, पूर्णागिरि माँ का आशीर्वाद है।

कभी-कभी पहाड़ों में घूमते साधु कहते हैं कि उन्हें पूर्णागिरि से उठती ऊर्जा हिमालय के शिखरों तक जाती दिखाई देती है —एक अदृश्य प्रकाश-रेखा की तरह। यह प्रकाश कोई भौतिक दृश्य नहीं है ; यह अनुभूति है, जो ध्यान में देखने वालों को तिल -तिल प्रकट होती है।

वह कहते थे—

"पूर्णागिरि की शक्ति, हिमालय के सहारे आसमान तक उठती है।"

देवी-भागवत में एक कथा है कि जब पार्वती जन्म लेकर फिर से हिमालय की पुत्री बनीं, तब वे अपने पिछले जन्म की स्मृति से अनजान थीं, परन्तु जब वे पहली बार पूर्णागिरि की दिशा में गईं, तो उनका हृदय अनायास

धड़क उठा—जैसे किसी माँ का स्पर्श, जो जन्मों से छूट गया था, अचा नक फिर मिल गया हो।

यह वही संबंध है जो जन्म से परे है, जिसे केवल आत्मा जानती है, मन नहीं।

कहते हैं कि जिस दिन नाभि पूर्णागिरि पर गिरी, उस दिन हिमालय पर भी एक हल्की-सी बर्फ़बारी हुई थी—बिना ऋतु के। ऋषियों ने इसे देवी का संकेत माना। उनका मानना था कि हिमालय उस क्षण देवी को आशीर्वाद दे रहा था, और पूर्णागिरि उस आशीर्वाद को धारण कर रहा था।

कई साधु पर्वतों पर ध्यान करते हुए बताते हैं कि जब वे उस दिशा में देखते हैं जहाँ पूर्णागिरि स्थित है, उन्हें लगता है कि हिमालय के विशाल स्वरूप में एक कोमल मुस्कान छुपी है। जैसे कोई पिता अपनी पुत्री के मंदिर को प्यार से निहार रहा हो।

पूर्णागिरि की नदी—जिसे कुछ स्थानों पर शारदा, कुछ स्थानों पर काली कहा जाता है—वह पहाड़ों से उतरती है, जैसे कोई नर्म धुन। लोग कहते हैं यह नदी हिमालय की वाणी है, जो अपनी पुत्री को निरंतर संदेश भेजती रहती है। जब भक्त इस नदी में स्नान करता है, तो वह केवल पवित्र नहीं होता—वह इस अजर-संबंध का साक्षी बनता है।

हिमालय और पूर्णागिरि का यह आध्यात्मिक संबंध किसी ग्रंथ की सीमा में नहीं बंधता। यह एक रहस्य है, एक स्पंदन है, एक संवाद है। ऐसा संवाद, जिसमें शब्द नहीं होते, केवल अनुभूतियाँ होती हैं।

जब भक्त पूर्णागिरि पहुँचता है और पहाड़ों की ओर देखता है, तो उसे अजीब-सी पूर्णता महसूस होती है। प्रकृति एक साथ दो भाव प्रकट करती है—ऊँचाई और गहराई। हिमालय की ऊँचाई उसे दिशा देती है, और पूर्णागिरि की गहराई उसे माँ की गोद जैसा सुकून देती है।

यही कारण है कि पूर्णागिरि पर चढ़ते हुए कई लोग कहते हैं—

"माँ की ओर बढ़ते हुए, ऐसा लगता है जैसे हिमालय स्वयं साथ चल रहा हो।"

और शायद यही इस संबंध का सबसे सुंदर सत्य है।

हिमालय शक्ति का आधार है।

पूर्णागिरि शक्ति का हृदय है।

एक स्थिर है, एक स्पंदित।

एक मौन है, एक वाणी।

एक पिता है, एक माँ।

और जब भक्त इन दोनों के बीच खड़ा होता है, तो उसे अनुभव होता है—

वह न अकेला है, न असुरक्षित;

वह देवताओं की छाया में है,

और माता की गोद में।

टनकपुर–चंपावत क्षेत्र की पौराणिक पृष्ठभूमि

जिस भूमि को आज लोग टनकपुर कहते हैं, और जिसे इतिहास चंपावत के नाम से पहचानता है, वह केवल पहाड़ों, नदियों और वनों की धरती नहीं है। यह वह स्थान है जहाँ समय कभी पूरी तरह आधुनिक नहीं हुआ —जहाँ हर हवा के झोंके में कोई पुरानी कथा छुपी है, जहाँ हर पगडंडी पर किसी ऋषि के पदचिह्न दबे हैं, और जहाँ रात की खामोशी में भी ऐसा लगता है मानो कोई देवी–देवता अपने अस्तित्व का संकेत दे रहे हों। यह भूमि केवल भौगोलिक नहीं; यह पौराणिक स्मृतियों का जीवित ग्रंथ है।

कहते हैं कि जब देवताओं ने पृथ्वी पर ऐसे स्थलों की खोज शुरू की जहाँ शक्ति अपनी ऊर्जा स्थापित कर सके, तब हिमालय की तलहटी में स्थित यह क्षेत्र सबसे पहले देवी की दृष्टि में आया। उस समय यह भूमि घने वनों से ढकी थी। वृक्ष इतने विशाल थे कि सूर्य की किरणें भी संकोच के साथ नीचे उतरती थीं। पगडंडियों पर हल्की -सी काई जमी रहती थी, और जंगली फूलों की सुगंध हवाओं में हमेशा घुली रहती थी। ऋषि कहते थे कि यह भूमि “देवभूमि का द्वार” है—वह सीमा जहाँ मानव संसार समाप्त होता है और दिव्यता का मार्ग शुरू होता है।

पुराणों में वर्णन है कि शारदा नदी, जो आज टनकपुर के पास बहती है, पहले एक शांत, तपस्विनी कन्या के समान थी। कहा जाता है कि यह नदी हिमालय से निकलकर उस दिशा में मुड़ी जहाँ भविष्य में पूर्णागिरि की शक्ति स्थापित होनी थी। मानो नदी को पहले से पता था कि उसे किस माँ के चरणों को पहली बार छूना है। जब वह इन घाटियों में प्रवेश करती है, तो उसकी धारा अचानक मधुर हो जाती है—जैसे वह पर्वतों की कठोरता को छोड़कर किसी माँ की गोद में आ गई हो।

चंपावत क्षेत्र का संबंध कई ऋषि-परंपराओं से भी जुड़ा है। इस भूमि में कभी कश्यप, वशिष्ठ, अत्रि जैसे महर्षियों के आश्रम होने की बात कही जाती है। उनके आश्रम केवल अध्ययन और तपस्या के स्थान नहीं थे; वे ऐसे केंद्र थे जहाँ ब्रह्मांड के रहस्यों को सुना और समझा जाता था। पर्वतों पर बैठकर ऋषि अक्सर दिशा-दिशा में फैलते आध्यात्मिक स्पंदन को महसूस करते थे। कहा जाता है कि कई साधकों ने पहली बार सती के नाभि -स्थ स्पर्श की ऊर्जा इसी क्षेत्र से महसूस की थी—क्योंकि पूर्णागिरि की दिव्यता इतनी गहरी है कि उसका आभास दूर -दूर तक फैलता है।

टनकपुर की भूमि पर देवताओं का आगमन भी कई बार हुआ बताया गया है। एक कथा में लिखा है कि जब नाभि-स्थ शक्ति पृथ्वी पर गिरी और पूर्णागिरि बना, तब देवता उस स्थान के निकट उतरकर उसकी ऊर्जा का निरीक्षण करने आए। वे शारदा नदी के किनारे उतरे, जहाँ की मिट्टी उन्हें ऐसी लगी जैसे अभी-अभी किसी दिव्यता ने इसे स्पर्श किया हो—गर्म, जीवित, और पवित्र।

वे कहते थे—

"यह भूमि देवी के चरणों की प्रतीक्षा करती रही है।"

चंपावत का उल्लेख "कत्यूरी राजाओं" के कारण बाद के ऐतिहासिक ग्रंथों में तो मिलता ही है, परंतु उससे कहीं पहले पुराणों में इसे "सिद्ध –वन" और "ऋषि–भूमि" कहा गया है। यहाँ की मिट्टी में जो गंध है, उसे साधक आज भी "वन-तप" की गंध कहते हैं—एक ऐसी सुगंध जो केवल उन स्थानों पर मिलती है जहाँ वर्षों तक तपस्या की अग्नि जली हो।

एक पुरानी कथा है कि जब राजा चंपा ने इस भूमि को अपना राज्य बनाया, तो उन्हें रात में एक सपना आया था। उन्होंने देखा कि एक आधा -छुपा पर्वत—जो पूर्णागिरि था—उनकी ओर शक्ति की चमक भेज रहा है। सपने में एक स्त्री, जो बाद में उन्हें माँ के रूप में समझ आई, उनसे बोली—

"मेरी रक्षा करोगे, तो मैं तुम्हारी भूमि को आशीर्वाद दूँगी।"

राजा ने जागकर इस क्षेत्र को "चंपावत" नाम दिया—वह भूमि जिसे देवी ने स्वयं चुना।

टनकपुर–चंपावत क्षेत्र सदियों से यात्रियों का मार्ग भी रहा है। पुराने समय में जब तीर्थयात्री हिमालय के ऊपरी भागों में नहीं जा पाते थे, तो वे इसी भूमि को "दिव्य मार्ग" मानकर चलते थे। कहते हैं कि इस क्षेत्र में कदम रखते ही उन्हें लगता था कि कोई अदृश्य शक्ति उनका हाथ पकड़कर आगे बढ़ा रही है। यह वही शक्ति थी जो पूर्णागिरि की ओर ले जाती है—एक सूक्ष्म पुकार, जो हर भक्त को अपने पास बुलाती है।

इस क्षेत्र की रातें भी अलग होती हैं। जब चंपावत के आसमान में तारे अपनी पूरी चमक में चमकते हैं, तब हवा के भीतर एक निस्तब्धता बहती है—जैसे कोई बहुत पुरानी कहानी दोहराई जा रही हो, जिसे केवल वही सुन सकता है जिसका हृदय शांत हो। लोककथाओं में आता है कि कई साधकों ने यहाँ रात के तीसरे पहर में देवी का स्पंदन सुना है —बहुत धीमा, पर इतना कोमल कि उनके आँसू अपने–आप बहने लगे।

टनकपुर के जंगलों में कई रहस्य छुपे हैं। ऐसी मान्यता है कि यहाँ कुछ मार्ग "देवी–मार्ग" कहलाते हैं—जहाँ चलते हुए कदम हल्के हो जाते हैं, डर अचानक गायब हो जाता है, और मन में एक अनजानी खुशी उतर आती है। लोग कहते हैं कि यह माँ का मार्गदर्शन होता है। यह भी कहा जाता है कि कई यात्री जब बिना मार्ग जाने पर्वतों में चले जाते, तो किसी अदृश्य स्पर्श ने उन्हें सुरक्षित दिशा में मोड़ दिया।

गाँव के बुजुर्ग इसे "माँ पूर्णागिरि का हाथ" कहते हैं।

चंपावत के पहाड़ों की ढलानों से जब सूरज उगता है, तो ऐसा लगता है जैसे पर्वत खुद उजाला ओढ़ रहा हो। यह दृश्य केवल सौंदर्य नहीं; यह आध्यात्मिक संकेत है। ऋषियों ने कहा है कि सूर्य जब पहली किरण इन पहाड़ियों पर डालता है, तो वह पू र्णागिरि की शक्ति को प्रणाम कर रहा होता है। शारदा नदी उसे प्रतिबिब में पकड़कर फिर दुनिया को लौटा देती है —एक आशीर्वाद की तरह।

टनकपुर–चंपावत क्षेत्र की पौराणिक पृष्ठभूमि केवल कथा में नहीं, अनुभव में बसती है। यहाँ की मिट्टी में देवी के चरणों का स्पर्श है, प हाड़ों में ऋषियों का ध्यान, नदी में मातृत्व का प्रवाह, और हवा में शक्ति की फुसफुसाहट।

कई यात्रियों ने कहा है कि वे यहाँ आए नहीं थे —उन्हें बुलाया गया था।

और यदि कोई वास्तव में सुन सके, तो आज भी टनकपुर की हवा में एक धीमी-सी आवाज सुनाई देती है—

"पूर्णागिरि आओ... मैं प्रतीक्षा कर रही हूँ।"

यात्रा मार्ग एवं दर्शन प्रक्रिया

पूर्णागिरि की यात्रा कोई साधारण पड़ाव नहीं; यह वही मार्ग है जो शरीर भले ही उठाता हो, परंतु चलता हृदय है। इस यात्रा में कदमों से ज़्यादा आत्मा चलती है—धीरे-धीरे, श्रद्धा की आग में तपकर, माँ की ओर बढ़ते हुए। टनकपुर से आरम्भ होने वाला यह मार्ग सदियों से वही है —जंगलों में घिरा, नदी के गीत से लिपटा, और हवा में बसे मंत्रों से सुगंधित।

कहते हैं कि जब भी कोई भक्त माँ के बुलावे पर पूर्णागिरि की यात्रा शुरू करता है, तो पहला कदम ही एक सूक्ष्म परिवर्तन का आरम्भ होता है। टनकपुर की भूमि पर उतरते ही भक्त को ऐसा लगता है कि किसी अनदेखे हाथ ने उसके कंधे को हल्के से छू लिया—मानो माँ कह रही हो, "आ गए बच्चे? चलो, मैं तुम्हें अपनी ओर ले चलती हूँ।"

यात्रा का आरम्भ शारदा नदी के किनारे से होता है, जहाँ पानी का हर कण ऐसा प्रतीत होता है जैसे वह स्वयं देवी के आंचल का कोई टुकड़ा हो। नदी यहाँ शांत नहीं रहती; वह बहती है, हंसती है, पुकारती है —जैसे माँ अपने यात्रियों के लिए द्वार खोल रही हो। कई बुजुर्ग बताते हैं कि नदी के पास खड़े होते ही मन का बोझ हल्का हो जाता है। वर्षों पुराना दुख अचानक हवा में उड़ जाता है। यह वही स्थान है जहाँ मनुष्य अपने भीतर का पहला संशय, पहला डर, पहली शंका छोड़ देता है।

इस मार्ग पर चलते हुए पगडंडी कभी सीधी नहीं रहती। जंगल अचानक घिर आते हैं, फिर खुल जाते हैं। पहाड़ कभी दूर लगता है, कभी इतना पास कि उसकी चट्टान को छूने का मन हो। ऐसा लगता है जैसे स्वयं पूर्णागिरि भक्त की परीक्षा ले रही हो—न कठिनाई में, बल्कि अपनापन में। हर मोड़ पर एक अलग ऊर्जा है, एक अलग स्पर्श है, एक अलग पुकार।

पहाड़ी रास्ते में चढ़ाई शुरू होते ही यात्रियों को एक अलग -सी शांति महसूस होती है। यह शांति बाहर की नहीं; यह भीतर की शांति होती है — जैसे मन धीरे-धीरे अपनी धड़कनों को नियंत्रित करने लग गया हो। लोग कहते हैं कि यह वह क्षण है जब पर्वत माता की ओर से पहला संकेत भेजता है। पेड़ों की पत्तियाँ धीमे -धीमे हिलती हैं, हवा थोड़ा ठंडी हो जाती है, और शरीर को एक अदृश्य सहारा महसूस होता है।

मार्ग में कई छोटे-छोटे विश्राम स्थल आते हैं, पर वे केवल विश्राम नहीं; वे संवाद हैं। वहाँ बैठकर कई यात्रियों ने महसूस किया है कि पर्वत के ऊपर, कहीं बहुत दूर, माँ अपना हाथ फैलाकर आतुरता से प्रतीक्षा कर रही हैं। कभी कोई अचानक रो पड़ता है, कभी किसी का दिल भर आता है, तो कभी किसी साधक को अपने भीतर की सारी उलझनें खुलती हुई महसूस होती हैं। यह वही स्थल होते हैं जहाँ मनुष्य अपनी आत्मा के साथ पहली बार सच्ची बातचीत करता है।

जैसे-जैसे भक्त ऊपर चढ़ता है, नदी की आवाज़ दू र जाती है, पर उसकी स्मृति और गहरी हो जाती है—जैसे वह आवाज़ अब कानों से नहीं, हृदय से सुनाई दे रही हो। जंगलों की सांसें धीमी हो जाती हैं, और पर्वत का

मौन भक्त को अपने भीतर खींचने लगता है। यह मौन भयभीत नहीं करता; यह मौन बहुत कोमल होता है—एक माँ का मौन, जो अपने बच्चे की थकान को समझती है।

और फिर वह क्षण आता है जब पहाड़ी रास्ता अचानक खुल जाता है, और भक्त पहली बार पूर्णागिरि के दर्शन करता है।

वह दृश्य केवल दृश्य नहीं होता —वह एक स्पर्श होता है।

पहाड़ पर खड़ा मंदिर दूर से किसी दीपक की तरह चमकता है। उसके पीछे आकाश खुलकर फैल जाता है, जैसे देवी स्वयं उस नीले आकाश को अपनी चादर बनाकर भक्तों को ओढ़ा रही हों।

यहीं से दर्शन प्रक्रिया शुरू होती है।

भक्त धीरे-धीरे, श्रद्धा के साथ आगे बढ़ते हैं—हर कदम ऐसा लगता है जैसे वे धरती पर नहीं, किसी पवित्र धुन पर चल रहे हों। मंदिर की ओर उठता हर पग मानो भक्त के पापों, दुखों, भय और भ्रम को पीछे छोड़ता जाता है। पहाड़ियों में गूंजती आवाजें —घंटियों की, शंख की, मंत्रों की —एक साथ मिलकर एक ऐसा गीत बनाती हैं जो सीधा हृदय में उतरता है।

मंदिर के समीप पहुँचते-पहुँचते हवा बदल जाती है। वह हवा अब केवल हवा नहीं रहती —वह माँ की सांस बन जाती है। मंदिर के बाहर खड़े होकर कई भक्त कहते हैं कि पहली बार उन्हें ऐसा लगा जैसे कोई उन्हें नाम लेकर पुकार रहा हो। यह वह पुकार होती है जिसे केवल वही सुन सकता है जो सच्चे मन से आया है।

दर्शन का क्षण... वह केवल कुछ पल का नहीं होता; वह जन्म-जन्मांतर का होता है।

माँ पूर्णागिरि की प्रतिमा के सामने खड़ा भक्त अपने भीतर एक ऐसा कंपन महसूस करता है जिसकी तुलना किसी भी सांसारिक अनुभूति से नहीं की जा सकती। मानो नाभि-स्थ ऊर्जा सीधे उसकी आत्मा से मिल रही हो। यह मिलन मौन में होता है, पर उससे बड़ा संवाद कोई नहीं।

कई यात्रियों ने बताया है कि मंदिर के भीतर पहुँचते ही उनका हृदय स्वतः हल्का हो जाता है। कुछ रो पड़ते हैं, कुछ मुस्कुरा देते हैं, कुछ भीतर से खाली होकर भी पूरा अनुभव करते हैं। यह वह क्षण होता है जब मनुष्य अपनी सारी प्रार्थनाएँ बिना शब्द कह देता है—और माँ उन्हें बिना शब्द सुने पूरी कर देती हैं।

भक्त जब मंदिर से लौटता है, तो वह वही नहीं रहता। पर्वत उसका कुछ ना कुछ ले लेता है—दुख, भय, क्रोध, चिता—और उसे कुछ लौटा देता है—विश्वास, शांति, शक्ति, और माँ का अदृश्य आशीर्वाद।

यात्रा समाप्त नहीं होती; वह भक्त के भीतर घर कर लेती है।

क्योंकि पूर्णागिरि का दर्शन केवल देखने से नहीं होता—वह अनुभव से होता है।

और जो एक बार इस अनुभव को पा लेता है, वह अपने जीवन भर इस यात्रा को अपने हृदय में जीवित रखता है।

पूर्णागिरि मेले का वर्णन

हर वर्ष जब वसंत की हवा पहाड़ों की ढलानों से उतरकर टनकपुर की धरती को स्पर्श करती है, तो ऐसा लगता है जैसे स्वयं माँ पूर्णागिरि हवा में एक बुलावा छोड़ रही हों —एक निमंत्रण, जो केवल कानों से नहीं, हृदय से सुनाई देता है। यह बुलावा साधारण नहीं होता; यह वह पुकार है जो सदियों से यात्रियों के कदमों को इस पावन स्थल की ओर खींचती आई है। और जब यह पुकार उठती है, तब शुरू होता है पूर्णागिरि का मेला—एक मेला जो केवल भीड़ नहीं, बल्कि भक्ति, ऊर्जा, प्रेम, और परंपराओं से बुनी हुई जीवित कथा है।

मेले की शुरुआत से पहले ही टनकपुर की हवा बदल जाती है। सड़कें, बाजार, घाटियाँ—हर स्थान पर एक चहल-पहल फैल जाती है, जैसे किसी लंबे समय से सोए नगर को देवी ने जागृत कर दिया हो। लोग कहते हैं कि पूर्णागिरि मेला केवल एक आयोजन नहीं; यह माँ की उपस्थिति का उत्सव है, वह उत्सव जिसमें मनुष्य अपने हर बोझ से मुक्त होकर सिर्फ़ भक्ति बन जाता है।

मेले के दिन टनकपुर की सुबह किसी अन्य सुबह जैसी नहीं होती। जब सूर्य की पहली किरण पहाड़ों पर फैलती है, तो ऐसा लगता है जैसे पर्वत स्वयं दीपक बन गए हों और हवा में माँ की आरती गूंज रही हो। मंदिर की घँटियों की धुन, नदी की लहरों की आवाज़ और दू र-दूर से आते कदमों की थाप—

सब मिलकर एक ऐसा संगीत रचते हैं जो किसी भी यात्री के भीतर गहरी भावनाएँ जगाता है।

पगडंडियों पर भक्तों का सैलाब धीरे-धीरे बढ़ने लगता है। कोई माता को लाल चुनरी चढ़ाने आया है, कोई सोने-चांदी की नहीं—बस अपनी एक टूटती हुई मनोकामना हाथों में लिए आया है। कुछ परिवार अपने छोटे बच्चों के साथ आते हैं, कुछ बुजुर्ग वर्षों पुरानी प्रतिज्ञाएँ पूरी करने आते हैं, और कुछ ऐसे भी होते हैं जो जीवन में पहली बार इस स्थल पर कदम रखते हैं, जैसे अनजाना मार्ग उन्हें अचानक अपनी ओर बुला लाया हो।

मेले में चलती आवाज़ें साधारण नहीं होतीं—वे कथाएँ हैं, प्रार्थनाएँ हैं, व्रतों के संकल्प हैं, और कृतज्ञता की गहरी सांसें हैं।

सड़क के दोनों किनारों पर रंग-बिरंगे दुकानों की पंक्तियाँ ऊँचाई तक फैली दिखती हैं। लकड़ी के हस्तनिर्मित बर्तन, तांबे की घंटियाँ, नारियल और चुनरी से सजे थाल, और दूर-दूर के पहाड़ी गाँवों से लाई गई मिठाइयाँ —सबमें एक प्राकृतिक पवित्रता होती है। दुकानदार कहते हैं कि यह व्यापार नहीं, माँ की सेवा है।

मेले का वातावरण धीरे-धीरे ऐसा हो जाता है कि इंसान भूल जाता है कि वह धरती पर चल रहा है। उसे लगता है कि वह समय से बाहर किसी आध्यात्मिक लोक में प्रवेश कर चुका है। बच्चों की हँसी, भक्तों की जयकार, ढोल की लय, और हवा में उड़ती धूल भी उस क्षण पवित्र लगती है।

जैसे-जैसे भक्त आगे बढ़ते हैं, पर्वतों का दृश्य और स्पष्ट होने लगता है। उनके चेहरे पर थकान होती है, पर आँखों में उम्मीद की चमक—जैसे

हर कदम के साथ वे अपने दिल का भार हल्का करते जा रहे हों। कई लोग नंगे पाँव चलना पसंद करते हैं—यह उनका प्रण होता है कि माँ तक जाने के सफर को वे अपने शरीर से महसूस करें, जैसे उनकी हर वेदना माँ के चरणों में अर्पित हो रही हो।

ढोल-नगाड़ों की आवाज़ धीरे-धीरे पर्वतों में गूंजने लगती है। वह ढोल सिर्फ़ संगीत नहीं बल्कि घोषणा होते हैं —"माँ का मेला आरंभ हो चुका है"।

स्त्रियाँ काँच की चूड़ियाँ, लाल साड़ियाँ और माथे पर बड़ी सिदूर की बिदियाँ लगाकर चलती हैं। पुरुष धूप -दिया लेकर जयकार करते हुए चढ़ते हैं। कई कंधों पर कलश लिए महिलाएँ ऐसे दिखती हैं जैसे माँ की कृपा स्वयं उनके सिर पर टिकी हो।

जैसे-जैसे चढ़ाई आगे बढ़ती है, दृश्य और भी पवित्र हो जाते हैं। ऊँचाई से शारदा नदी नीचे बहती दिखाई देती है—उसकी लहरें चांदी की तरह चमकती हैं, मानो देवी के पैरों को धोने के लिए वह भी मेले में उतरी हो।

कहते हैं कि मेले के दिनों में नदी की लहरों में एक अलग ही ताल होती है—धीमी, मधुर, और किसी छुपे हुए मंत्र की तरह स्पंदित।

मेले के बीच-बीच में भजन-मंडलियाँ भी होती हैं। कहीं ढोलक बज रही होती है, कहीं झांझ और मंजीरा। भक्तों की आ वाजें मिलकर ऐसा लगता है जैसे हवा स्वयं भक्ति का रंग ओढ़ ले।

एक तरफ़ कोई पहाड़ी स्त्री लोकगीत गा रही होती है—उसकी आवाज़ में पहाड़ों का दर्द भी होता है और माँ की कृपा भी। दूसरी तरफ़ बच्चे फूल

लेकर दौड़ रहे होते हैं—माँ को अर्पित करने के लिए, मानो वे स्वयं उसकी गोद में लौटने आए हों।

और फिर—जब मंदिर की पहली झलक मिलती है, तो भीड़ में एक अनोखी हलचल उठती है। जिस तरह कोई माँ अपने शिशु को दूर से पहचान लेती है, उसी तरह भक्त मंदिर की एक झलक देखते ही भीतर से भर जाता है। कई लोग उस क्षण रो पड़ते हैं—न दुःख से, न दर्द से, बल्कि उस अनुभूति से जो शब्दों में नहीं उतर सकती।

मंदिर के द्वार पर पहुँचते ही ऐसा लगता है जैसे समय थम गया हो। धूप की खुशबू, चढ़ावे की सुगंध, और माँ के जयकारों की गूंज पूरे वातावरण को दिव्यता से भर देती है।

लोग एक-एक कर माता के दर्शन करते हैं—किसी की आँखों में पूरा जीवन तैरता हुआ लगता है, कोई चुप खड़ा रहता है, कोई अपने हाथ जोड़कर उस मौन में अपना सारा दुख माँ को दे देता है।

दर्शन का अनुभव शब्दों से परे होता है। यह कोई क्षण नहीं —यह आत्मा का स्पर्श है। ऐसा लगता है जैसे माँ अपनी नाभि-स्थ ऊर्जा से हर भक्त को छू रही हों, उसे नया जीवन दे रही हों।

दर्शन के बाद भक्त पहाड़ से नीचे उतरते हैं, पर वे वही नहीं होते जो ऊपर चढ़े थे।

वे हल्के हो जाते हैं।

उनके चेहरे पर एक गहरी शांति उतर आती है।

उनके कदमों में एक नया विश्वास होता है।

क्योंकि पूर्णागिरि मेले की शक्ति केवल मंदि र में नहीं—वह हर उस कदम में है, हर उस सांस में है, हर उस आँसू में है, जो भक्त माँ तक पहुँचने की याला में बहाता है।

इसलिए लोग कहते हैं—

"पूर्णागिरि का मेला देखा नहीं जाता, वह अनुभव होता है। वह भीतर उतरता है। वह जीवन बदल देता है।"

भक्तों के अनुभव

पूर्णागिरि की यात्रा केवल पर्वत की तरफ उठते कदमों का सफर नहीं है; यह आत्मा और माँ के बीच का वह मौन संवाद है जो शब्दों से नहीं, अनुभूति से लिखा जाता है। सदियों से यहाँ आने वाले भक्त अपने अनुभव ऐसे सुनाते हैं जैसे वे कोई स्वप्न बयाँ कर रहे हों —एक ऐसा स्वप्न जो इतना सच्चा होता है कि जागने पर भी दिल में जिदा रहता है।

कहते हैं कि पूर्णागिरि में माँ की उपस्थिति दिखाई नहीं देती —पर महसूस होती है। हवा में, धूल में, नदी की लहरों में, और भक्तों की भीड़ में... हर जगह।

और इन्हीं अनुभवों की कथा ग्रंथों के समान पीढ़ी-दर-पीढ़ी चलती आई है।

एक वृद्ध साधु का अनुभव है। उनका शरीर कमजोर था, और वर्षों से वे अपने पैरों में दर्द के कारण लंबी यात्रा नहीं कर पाते थे। पर एक दिन उन्होंने महसूस किया कि किसी ने उन्हें भीतर से पुकारा है —एक अजीब, शांत पुकार, जो न कानों से सुनी जा सकती थी, न शब्दों में समझी जा सकती थी। वे बस उठे और चल पड़े।

टनकपुर से लेकर पहाड़ी के मध्य तक पहुँचते-पहुँचते उनकी साँसें तेज हो गईं, पर तभी अचानक ऐसा लगा जैसे किसी ने उनकी पीठ पर हाथ रख दिया हो।

वह हाथ किसी मनुष्य का नहीं था —वह माँ का स्पर्श था।

उनके शब्दों में—

"मेरे कदम अपने आप उठने लगे। जैसे कोई कह रहा हो—चलो, मैं साथ हूँ।"

वे उस दिन पहली बार बिना रुके शीर्ष तक पहुँचे—और तब से कहते हैं कि पूर्णागिरि की शक्ति पैरों से नहीं, विश्वास से चढ़वाई जाती है।

एक और कथा एक माँ की है जो वर्षों से संतान प्राप्ति की इच्छा लिए आई थी। हर साल वह एक लाल चुनरी लेकर आती और माँ से प्रार्थना करती। उसका पति उसे अक्सर कहता कि यह केवल भ्रम है, केवल आस्था है, कोई चमत्कार नहीं होगा।

पर वह स्त्री मुस्कुरा देती—

"माँ जानती हैं कब देना है।"

तीसरे वर्ष वह जैसे ही मंदिर की सीढ़ियाँ चढ़ रही थी, गर्भ में हल्का-सा कंपन हुआ। वह चौंक गई —यह पहली बार था।

वह रोने लगी—ठीक मंदिर के सामने।

और जब वह नीचे उतरी, उसकी आँखों में केवल एक ही शब्द था —

"माँ ने सुन लिया।"

उसके घर अगले वर्ष एक पुत्र पैदा हुआ।

आज तक वह हर साल उस बच्चे को लेकर पूर्णागिरि आती है, और कहती है—

"यह बच्चा मेरा नहीं, माँ की प्रसादी है।"

एक युवा यात्री की कथा भी प्रसिद्ध है। वह दुनिया की समस्याओं से टूट चुका था—घर में कलह, मन में भ्रम, जीवन में दिशा का अभाव। वह नास्तिक था, देवी की पूजा में उसका कोई विश्वास नहीं था।

पर किसी अजीब प्रेरणा ने उसे पूर्णागिरि तक पहुँचा दिया।

वह मंदिर के बाहर खड़ा ही था कि अचानक हवा का एक झोंका उसके चेहरे पर लगा—इतना गर्म, इतना कोमल, जैसे किसी ने उसका चेहरा अपनी हथेलियों में थाम लिया हो।

वह कहता है—

“मैंने किसी को नहीं देखा। पर मुझे लगा जैसे कोई मुझे कह रहा है—मैं हूँ, तू अकेला नहीं।“

स दिन पहली बार वह रोया—बिना वजह, बिना रोक।

उसके आँसू किसी मोक्ष जैसे थे।

आज वह हर वर्ष यहाँ आता है, और कहता है—

पूर्णागिरि में मुझे ईश्वर नहीं मिले—मेरी आत्मा मिली।

एक बूढ़े पहाड़ी चौकीदार का अनुभव अनोखा है। वह बीस वर्षों से मंदिर के आसपास राह दिखाता आया था। वह कहता था कि एक बार रात में जब वह अकेला नीचे उतर रहा था, उसने पहाड़ की चोटी पर एक स्वर्णिम प्रकाश देखा—बहुत हल्का, पर धड़कता हुआ।

उसे लगा जैसे कोई दीपक हवा में जल रहा हो।

वह आगे बढ़ा, पर प्रकाश कुछ दू र जाकर रुक गया।

उसने प्रणाम किया और मन में पूछा—

"माँ, क्या यह तुम हो?"

और अचानक वह प्रकाश धीरे-धीरे मिट गया—पर उसके जाने से पहले हवा में एक गर्माहट उभरी, जैसे किसी ने उसका माथा चूम लिया हो।

वह कहता है—

"मैंने माँ को देखा नहीं—पर महसूस किया। और वही काफी था।"

कुछ भक्तों को माँ सपने में दर्शन देती हैं।

कई कहते हैं कि वे मंदिर जाने की सोच भी रहे होते हैं कि ठीक रात में एक सफेद आंचल-सी आकृति दिखती है, जो शांत, धीर, स्थिर स्वर में कहती है—"आओ।"

ऐसे लोगों की संख्या कम नहीं।

वे पहली बार आते हैं, और मंदिर पहुँचते ही उसी दृश्य को दोबारा महसूस करते हैं—माँ का आंचल, वही स्पर्श, वही पुकार।

और सबसे गहरी कथा उन भक्तों की है जो टूटे हुए आते हैं।

किसी का प्रेम बिखरा हुआ, किसी का घर टूटा हुआ, किसी की आत्मा घावों से भरी, कोई दुनिया से लड़ते -लड़ते थक चुका…

ऐसे लोग जब मंदिर के सामने खड़े होते हैं, तो अक्सर चुप हो जाते हैं।

दर्शन के समय उनकी आँखें भारी होती हैं, उनके हाथ काँपते हैं, और पैरों में शक्ति नहीं होती।

पर जैसे ही वे माँ को देखते हैं—सिर्फ़ एक क्षण के लिए—उनके भीतर कुछ पिघलने लगता है।

एक पुराना बोझ उतरता है, एक अदृश्य गाँठ खुलती है, और दिल में एक नई साँस जन्म लेती है।

वे कहते हैं—

"हमने कुछ कहा नहीं, माँ ने सब सुन लिया।"

कुछ भक्तों को तो यह भी महसूस हुआ है कि माँ उनकी थकान खुद अपने आँचल में समेट लेती हैं।

चढ़ाई में अचानक जो हवा मिलती है, वह केवल हवा नहीं होती —वह माँ का स्पर्श होता है।

कई कहते हैं कि मंदिर से उतरते समय उनके कंधों का भार ऐसा हल्का होता है जैसे कोई वर्षों पुरानी गाँठ खोल दी गई हो।

पूर्णागिरि में भक्तों के अनुभव केवल कहानियाँ नहीं —यह उस ऊर्जा का प्रमाण हैं जो इन पहाड़ों में धड़कती है।

वह ऊर्जा जो नाभि-स्थ रूप में देवी ने यहाँ छोड़ी थी—जीवन देने वाली, दिशा देने वाली, और हर हृदय को भर देने वाली।

इसलिए कहते हैं—

"पूर्णागिरि दर्शन आँखों से नहीं होता, आत्मा से होता है।"

और जिनकी आत्मा एक बार माँ से मिल लेती है, वे कभी अकेले नहीं रहते।

पूर्णागिरि सिद्ध पीठ क्यों माना जाता है?

हिमालय की छाया में, जहाँ हवा भी प्राचीन मंत्रों को दोहराती हुई प्रतीत होती है, वहीं उठता है पूर्णागिरि का वह पवित्र पर्वत, जिसे युगों से सिद्ध - पीठ कहा जाता है। यह शब्द केवल सम्मान नहीं, बल्कि एक सत्य का उद्घोष है—वह सत्य जो भक्तों के अनुभव में बसता है, साधकों के तप में चमकता है, और देवी की शक्ति में जीवित है।

कहते हैं कि सिद्ध–पीठ वही होता है जहाँ देवी सीधे अपने भक्तों को उत्तर देती हैं... जहाँ प्रार्थना केवल हवा में नहीं उड़ती, बल्कि शक्ति के केंद्र तक पहुँचकर वापस लौटती है—पूरी होकर, फलित होकर, सुनाई गई होकर।

और पूर्णागिरि ऐसा ही स्थान है—जहाँ माँ का मौन भी आशीर्वाद बन जाता है।

उस दिन जब सती का नाभि–स्थ अंग इस पर्वत पर गिरा, तो पृथ्वी ने केवल शक्ति को नहीं धारण किया; उसने एक ऐसा स्पंदन थाम लिया जो अनंत है। वही स्पंदन आज भी इस क्षेत्र की मिट्टी, हवा और नदी में दौड़ता है।

ऋषि कहते थे कि जब किसी देवी–पीठ में अंग गिरता है, तो वहाँ शक्ति केवल रहती नहीं—वह जागती है, चलती है, सुनती है। इस जागृति को वे "सिद्धत्व" कहते थे।

पूर्णागिरि में यह सिद्धत्व सबसे प्रबल रूप में प्रकट हुआ, क्योंकि यहाँ नाभि गिरी थी—जीवन का केंद्र, चेतना का मूल, आत्मा का जन्मस्थान।

नाभि वह बिंदु है जहाँ माँ और शिशु की पहली डोर बंधती है।

और जब वही डोर देवी–रूप में पृथ्वी पर उतरी, तब यह स्थान वह ऊर्जा बना जो सीधे भक्त के हृदय को छू सके।

इसीलिए कहते हैं—

“पूर्णागिरि में माँ को पुकारो, और उत्तर अवश्य मिलेगा।“

सिद्ध–पीठ का एक चिह्न यह है कि वहाँ साधकों का तप पूर्ण होता है।

यही कारण है कि प्राचीन काल में अनेक योगी, तपस्वी और ऋषि इस पर्वत की गोद में साधना करने आए।

स्कन्द पुराण में एक उल्लेख है—

“यो योगी अत्र ध्यानं कुर्वन्ति ते सिद्धिम् अवश्यम् लभन्ते।“

जो साधक यहाँ ध्यान करते हैं, वे सिद्धि अवश्य प्राप्त करते हैं।

क्योंकि यहाँ ध्यान नदी की तरह बहता नहीं —

यह पर्वत की तरह स्थिर हो जाता है।

मन भटकता नहीं; माँ उसे अपने आँचल में पकड़ लेती हैं,

और साधक उस परमानंद की अवस्था में प्रवेश कर लेता है जहाँ सिद्धि जन्म लेती है।

अनेक तपस्वियों ने बताया कि उन्होंने यहाँ बादलों के भीतर चमकती दिव्यता देखी, कई ने अपनी साधना में देवी का आशीष एक स्पंदन के रूप

में महसूस किया, और कुछ कहते हैं कि पर्वत स्वयं उनके मन में उठती शंकाओं का उत्तर देता था।

इन अनुभवों को सुनकर लोग कहते —

"यह पीठ सिद्ध है—यहाँ शक्ति बोलती है।"

कई श्रद्धालुओं द्वारा कही गई अनगिनत कथाएँ भी इस सिद्धत्व की गवाही देती हैं।

इस भूमि पर मनोकामनाएँ केवल माँगने का विषय नहीं; वे लौटकर आने वाली वास्तविकताएँ होती हैं।

एक स्त्री ने कहा कि उसने वर्षों से माँगी मनौती यहीं पूर्ण की।

एक व्यापारी ने बताया कि उसकी टूटती हुई किस्मत यहाँ आकर संवर गई।

एक साधक ने कहा कि उसकी साधना में जो बाधा थी, वह इस पर्वत पर एक रात ध्यान करते ही समाप्त हो गई।

कई ने कहा—

"हमने माँ से कुछ छुपाया नहीं, औ र माँ ने हमें कुछ लौटाया नहीं छोड़ा।"

यही सिद्ध पीठ की पहचान है—

जहाँ माँ और भक्त के बीच कोई दूरी नहीं रहती।

कुछ भक्तों ने तो ऐसे अनुभव किए हैं जिन्हें शब्दों में बाँधना संभव नहीं।

किसी ने कहा कि मार्ग में अचानक हवा ने उसे सहारा दिया,

किसी ने महसूस किया कि मंदिर के प्रांगण में प्रवेश करते ही उसकी पीड़ा मानो जमीन पर गिर गई,

किसी ने कहा कि उसने भीतर प्रवेश करते ही माँ का स्पर्श अपने कंधे पर महसूस किया—अदृश्य, पर इतना वास्तविक कि आँसू अपने आप बह निकले।

ये अनुभव किसी कल्पना का भाग नहीं; यह वही सिद्धत्व है जिसे सिद्ध–पीठ कहा जाता है।

सिद्ध–पीठ इसलिए भी कहा जाता है क्योंकि यह स्थान देवताओं का प्राचीन मार्ग है।

कहते हैं कि जब देवी ने पहली बार इस पीठ को अपनी ऊर्जा से भरा, तो देवता स्वर्ग से उतरकर आए और इस स्थल को प्रणाम किया। उन्होंने कहा—

"यह स्थान अगम्य नहीं; यह व ह द्वार है जहाँ देवी धरती को छूती हैं।

यह पीठ सिद्ध है, जागृत है, चेतन है।"

तभी से यह पीठ देवताओं द्वारा भी स्थापित, स्वीकारित और पूजित माना जाता है।

पूर्णागिरि सिद्ध–पीठ इसलिए भी है क्योंकि यहाँ माँ का आशीर्वाद केवल प्रार्थना के रूप में नहीं —

वह अनुभूति के रूप में उतरता है।

भक्त के शरीर में अचानक उत्पन्न गर्माहट,

माथे पर महसूस हुआ अदृश्य स्पर्श,

कदमों में आ गई अप्रत्याशित शक्ति,

हवा की अचानक बदली दिशा—

ये सब सिद्ध पीठ के चिह्न हैं।

हर सिद्ध–पीठ तीन गुणों से पहचाना जाता है:

जहाँ शक्ति जागृत हो,

जहाँ प्रार्थना का उचित उत्तर मिले,

और जहाँ साधना फलीभूत हो।

पूर्णागिरि इन तीनों का संगम है।

इसलिए इसे केवल शक्ति–पीठ नहीं, सिद्ध –पीठ कहा गया है—

वह स्थान जहाँ माँ केवल विराजमान नहीं; वह जीवित हैं।

वह सुनती हैं, वह स्पंदित होती हैं, वह उत्तर देती हैं।

उनकी ऊर्जा इस पर्वत की हर चट्टान, हर हवा, हर नदी में आज भी धड़कती है।

इसलिए भक्त कह उठते हैं—

“माँ पूर्णागिरि की भूमि पर कदम रखते ही लगता है

कि हम माँ के पास नहीं जा रहे —

माँ खुद हमारे पास उतर रही हैं।”

तांत्रिक साधनाओं का स्थान

पूर्णागिरि का पर्वत केवल भक्ति का धाम नहीं, बल्कि शास्त्रों के अनुसार वह स्थान भी है जहाँ सदियों से शक्ति –तत्व की सबसे गूढ़ अनुभूतियाँ दर्ज की गई हैं। यह वह स्थल है जहाँ साधारण मनुष्य की पूजा से लेकर ऋषियों के ध्यान तक, और कभी–कभी तांत्रिक साधकों की दिव्य अनुभूति तक, हर स्पंदन एक अदृश्य परंपरा से जुड़ा हुआ है।

परंतु, यह समझना आवश्यक है कि तांत्रिक साधनाएँ केवल कथा और ज्ञान का विषय हैं—साधाराण लोगों के लिए नहीं, और व्यवहार में न उतरने योग्य। वे केवल उन तपस्वियों की कथा हैं जिन्होंने वर्षों का संयम, तप और शुचिता धारण करके इस अदृश्य मार्ग पर प्रवेश पाया था।

पूर्णागिरि के प्राचीन वर्णनों में कहा गया है कि यह पर्वत शक्ति –तत्व का हृदय है। जिस स्थान पर देवी की नाभि गिरी, वहाँ ऊर्जा केवल स्थिर नहीं हुई—वह जागृत हो गई। यही कारण है कि कई ऋषि और साधक इस स्थान को "शक्ति–नाभि" कहते थे, और यह मानते थे कि यहाँ की ऊर्जा साधारण पूजा से लेकर गहन ध्यान तक, हर प्रकार की आध्यात्मिक प्रक्रिया में सहायक होती है।

देवी–भागवत और स्कन्द पुराण के कुछ पुराने व्याख्यानों में उल्लेख मिलता है कि हिमालय की तलहटी में स्थित यह क्षेत्र कभी उन साधकों का आश्रय था जो ब्रह्मांड के सूक्ष्म रहस्यों का अध्ययन करते थे —न किसी इच्छा से, न किसी चमत्कार से, बल्कि केवल आत्मा को उसकी वास्तविक पहचान तक पहुँचाने के प्रयास में।

उनका मार्ग लोगों से छुपा होता था, न इसलिए कि वह रहस्य था, बल्कि इसलिए कि वह मार्ग संयम, मौन और त्याग की माँग करता था—वे तत्व जो सामान्य मनुष्य के जीवन में दुर्लभ होते हैं।

कथाओं में आता है कि रात के तीसरे पहर, जब शारदा नदी का प्रवाह धीमा होता था और हवा बिल्कुल स्थिर हो जाती थी, तब कभी-कभी पर्वत की चोटी पर एक हल्की-सी आभा दिखती थी। गाँव के लोग कहते थे—

“यह किसी साधक की चेतना का प्रकाश है।“

यह प्रकाश किसी दीपक का नहीं, बल्कि उस ध्यान की गर्माहट का परिणाम माना जाता था जो मंदिर के पास किसी एकांत साधक ने महसूस किया हो।

पर याद रहे—इन साधकों ने जो कुछ किया, वह न सामान्य लोगों के लिए था, न किसी अनुष्ठान की तरह अपनाने योग्य। यह उनके आत्मिक पथ का हिस्सा था—एक पथ जिसे न लिखा जा सकता है, न सिखाया जा सकता है, केवल अनुभव किया जा सकता है, और वह भी उन्हीं के द्वारा जिन्होंने अपने जीवन को संसारिक इच्छाओं से मुक्त किया था।

टनकपुर–चंपावत क्षेत्र के बुजुर्ग कहते थे कि पहाड़ की कुछ रातें बहुत पवित्र होती हैं। हवा में एक गंभीरता उतर आती है, जंगल स्थिर हो जाते हैं, और शारदा नदी का प्रवाह भी किसी गहरे मौन में डूब जाता है। वे कहते—

"इन क्षणों में पर्वत अपनी प्राचीन सांसें लेता है।"

यह वह समय माना जाता था जब तांत्रिक साधक प्रकृति के इस दिव्य मौन को सुनते थे, न किसी जादू की लालसा में, बल्कि यह जानने में कि संसार का हर कण कैसे शक्ति से जुड़ा है।

एक पुरानी लोककथा में एक वृद्ध साधक का उल्लेख आता है जो वर्षों तक पूर्णागिरि के आस-पास रहा। वह कहता था कि इस पर्वत की मिट्टी में एक ऐसी गर्माहट है जो साधना के दौरान मन को स्थिर कर देती है।

पर वह हमेशा चेतावनी देता था—

"यह शक्ति है, खेल नहीं। इसे सिर्फ़ देखो, महसूस करो, पर चलो मत—जब तक तुम स्वयं संपूर्ण न हो जाओ।"

यही सिद्धांत तांत्रिक साधनाओं की सबसे बड़ी सीख है —वे केवल जानने योग्य हैं, अपनाने योग्य नहीं।

तांत्रिक परंपराओं में "शक्ति" का अर्थ किसी अदृश्य रहस्य या चमत्कार से नहीं, बल्कि उस चेतना से है जो संसार को चलाती है। उस चेतना को समझने के लिए मनुष्य को वर्षों की तपस्या करनी पड़ती है। इसी कारण सामान्य भक्त के लिए पूर्णागिरि केवल भक्ति, प्रेम और माँ के आशीर्वाद का स्थान माना गया, पर साधकों के लिए यह पर्वत शक्ति के सूक्ष्म स्तर को समझने का केंद्र बन गया।

कई विद्वान यह भी कहते हैं कि पूर्णागिरि की ऊर्जा इतनी संवेदनशील है कि जो व्यक्ति चाहे, वह केवल इसके वातावरण में बैठकर ही अपने मन की बेचैनी शांत कर सकता है—यह स्वयं में सिद्ध–पीठ होने का सबसे बड़ा प्रमाण है।

परंतु, ऊर्जा का यह स्तर केवल आध्यात्मिक अनुभूति तक सीमित है—इसके आगे का मार्ग केवल ज्ञान और अनुभूति की कथा है, किसी भी प्रकार की व्यवहारिक साधना का निर्देश नहीं।

यही कारण है कि ग्रंथों में पूर्णागिरि को जागृत शक्ति–स्थल, सिद्ध पीठ और तांत्रिक साधकों का ध्यान–स्थान कहा गया है—पर किसी भी स्थान पर सामान्य व्यक्ति के लिए कोई प्रक्रिया या क्रिया का वर्णन नहीं मिलता।

ज्ञान मिलता है, पर तरीका नहीं —क्योंकि तरीका केवल गुरु परंपरा में, और केवल उन लोगों के लिए होता है जिन्होंने जीवन को पूर्ण संयम में ढाला हो।

पूर्णागिरि की रातें आज भी उस प्राचीन परंपरा को याद दिलाती हैं।

जब हवा में अचानक एक मंद ऊष्मा महसूस होती है,

जब पर्वत कुछ गहरा मौन ओढ़ लेता है,

जब नदी की धुन एक क्षण के लिए बदल जाती है,

तब लोग कहते हैं—

“यह माँ की चेतना है।“

यही चेतना वह स्थान बनाती है जो सदियों से तांत्रिक साधकों के मनन का केंद्र माना गया—

पर केवल जानकारी के रूप में,
कभी भी व्यवहार में उतरने योग्य नहीं।
पूर्णागिरि शक्ति का घर है—
पर शक्ति से खेलना नहीं चाहिए।
उसे केवल अनुभव किया जाना चाहिए...
उसी श्रद्धा, उसी भक्ति और उसी मासूमियत के साथ
जिसके लिए यह पीठ जागृत है।

मां पूर्णागिरि के मंत्र — ग्रंथ जैसा दिव्य वर्णन

हिमालय की तलहटी में बसे पूर्णागिरि पर्वत पर, जहाँ हवा भी देवी के स्पर्श से सुवासित प्रतीत होती है, वहाँ कई मंत्र प्राचीन काल से गूंजते आए हैं। इन मंत्रों को ऋषियों ने न किसी चमत्कार के लिए बनाया, न किसी अनुष्ठान के लिए—इनका उद्देश्य केवल एक था:

शक्ति की उपस्थिति को सम्मानित करना और उसे अपने भीतर अनुभव करना।

कहा जाता है कि जब कोई भक्त पूर्णागिरि की ओर बढ़ता है, तो उसके कदमों से पहले उसके मन के मंत्र पर्वत तक पहुँच जाते हैं। उसी दिव्यता को ध्यान में रखते हुए यहाँ वे मंत्र दिए जाते हैं, जो केवल श्रद्धा और ज्ञान के लिए हैं—जैसे किसी प्राचीन ग्रंथ के पन्नों पर लिखे पवित्र शब्द।

१. "ॐ पूर्णैः पूर्णागिरिनेत्रायै नमः"

हिंदी अर्थ:
हे पूर्णागिरि की अधिष्ठात्री माँ,
जो पूर्णता का स्वरूप हैं,

आपको मेरा शत-शत नमन।

यह मंत्र माँ को "पूर्ण–स्वरूप" मानकर उनके प्रति सम्मान प्रकट करता है।

पुराणों में कहा गया है कि जहाँ नाभि गिरी, वहाँ पूर्णता स्वयं उतर आई—यह मंत्र उसी स्मृति की ज्योति है।

२. "ॐ देवी पूर्णागिर्यै नमः"

हिंदी अर्थ:
हे माँ,
जो इस पवित्र पर्वत पर अनादि काल से वास करती हैं,
मैं आपको हृदय से प्रणाम करता हूँ।

यह मंत्र सबसे सरल, सबसे गहन और सबसे प्राचीन माना जाता है।

अक्सर ऋषि इसे ध्यान में उच्चारित करते थे ताकि मन शक्ति की ओर स्थिर हो सके।

३. "ॐ ह्रीं पूर्णनाभिदेव्यै नमः"

हिंदी अर्थ:

हे नाभि-स्थ रूप में पृथ्वी पर अवतीर्ण हुई माँ,
आपका यह दिव्य स्पंदन हम पर सदैव बना रहे।

यह मंत्र उस अद्वितीय क्षण का वर्णन करता है जब सती की नाभि धरती पर गिरी और पूर्णागिरि शक्ति–पीठ बना।

ऋषियों ने इसे "चेतना का मूल मंत्र" कहा है।

४. "ॐ ऐं ह्रीं क्लीं पूर्णेश्वर्यै नमः"

हिंदी अर्थ:
ऐं — ज्ञान की शक्ति,
ह्रीं — सृजन की शक्ति,
क्लीं — प्रेम और आकर्षण की शक्ति।
इन तीनों को धारण करने वाली माँ को नमन।

यह मंत्र शक्ति के त्रिगुणी स्वरूप की स्तुति करता है—ज्ञान, शक्ति और करुणा।

५. "जयतु नाभिस्था शक्तिः पूर्णागिरिश्वरी नमः"

हिंदी अर्थ:

जय हो उस माँ की
जो नाभि-स्थ ऊर्जा के रूप में इस पर्वत पर विराजमान हैं
और जो संसार का संतुलन धारण करती हैं।

यह मंत्र केवल भूगोल का नहीं, बल्कि आध्यात्मिक इतिहास का स्मरण है।

६. "ॐ श्री मातंगी पूर्णागिरि देव्या नमः"

हिंदी अर्थ:
हे पूर्णागिरि की मातंगी,
जो वाणी, संगीत और अंतर्मन की शक्ति का स्वरूप हैं,
आपको मेरा प्रणाम।

यह मंत्र उन साधकों द्वारा उच्चारित किया जाता था जो आत्मिक शांति खोजते थे—
यह कोई साधना नहीं, बस एक काव्यात्मक स्तुति है।

७. "ॐ शारदा–संगमायै पूर्णागिरि मातृकायै नमः"

हिंदी अर्थ:

हे माँ,
जो शारदा नदी की धारा में भी विराजमान हैं,
आपका यह पवित्र संगम हमें शांति दे।

यह मंत्र नदी–रूप शक्ति के लिए है,
क्योंकि शारदा स्वयं इस धाम की सा क्षी मानी जाती है।

८. "ॐ कामाक्ष्यै पूर्णागिर्यै नमो नमः"

हिंदी अर्थ:
हे माँ पूर्णागिरि,
जो मन की इच्छाओं को समझती हैं
और करुणा से हृदय को पूर्ण करती हैं,
आपको बारंबार प्रणाम।

यह मंत्र भक्तों की आंतरिक भावनाओं का दर्पण है —
सिर्फ़ भाव है, कोई विधि नहीं।

मां पूर्णागिरि के ये मंत्र शब्द मात्र नहीं —
यह वे कंपन हैं जो सती की नाभि-स्थ ऊर्जा से उत्पन्न हुए थे,

जो आज भी पर्वत की हवा, नदी की लहरों और भक्तों के हृदय में गूंजते हैं।

इनका उद्देश्य किसी चमत्कार को बुलाना नहीं,
बल्कि उस ऊर्जा का सम्मान करना है
जो जन्म, जीवन और चेतना की धड़कन बनकर पूर्णागिरि में आज भी जीवित है।

क्योंकि शक्ति को बुलाया नहीं जाता —
उसे केवल सम्मान दिया जाता है।

और पूर्णागिरि की माँ...
उसी सम्मान में उतरती हैं।

माँ पूर्णागिरि की स्तुति और आरती

पूर्णागिरि का पर्वत जब साँझ की लालिमा ओढ़ता है, तो ऐसा लगता है जैसे माँ स्वयं स्वर्णिम आभा में स्नान कर रही हों। हवा का हर झोंका अचानक धीमा हो जाता है, मानो कोई अनसुना मंत्र पर्वत की चोटी से उतर रहा हो। नदी हल्के से चमकती है, और जंगलों का मौन एक नई गहराई लेकर आता है।

इन्हीं क्षणों में स्तुति जन्म लेती है—शब्दों में नहीं, भाव में; आवाज़ में नहीं, आत्मा में।

लोग कहते हैं कि स्तुति किसी कवि ने नहीं लिखी —

यह तो वह गीत है जो सदियों से माँ स्वयं भक्तों के हृदय में बोती आई हैं।

और जब शाम ढलती है, पर्वत की चोटी पर दीप जलते हैं, और भक्त अपने हाथ जोड़कर खड़े होते हैं—

तब यह स्तुति माँ की ओर से उत्तर देने लगती है।

★ माँ पूर्णागिरि स्तुति — ग्रंथ जैसी, गहन और दिव्य ★

ॐ पूर्णैः पूर्णागिरिनेत्रे,
नाभिस्थे देवि, शरणं मम।

शारदा–धारायाः सुगन्धे,
वन्दे त्वां जननी परमा।

हे माँ,
जो पूर्णता की ज्योति बनकर इस पर्वत पर विराजमान हैं,
मैं आपका वंदन करता हूँ।
आपकी नाभि से निकली वह शक्ति आज भी
नदी की लहरों में,
हवा की धड़कनों में,
और इस भूमि की मिट्टी में धड़कती है।

हे जननी,
जो शारदा के प्रवाह में भी मेरा नाम सुनती हैं,
मेरे भीतर की हर पीड़ा को पहचानती हैं,
मैं आपको बार-बार प्रणाम करता हूँ।

देवि त्वं पर्वतानां शिरोमणिः,
त्वं शान्तिरूपा, त्वमेव दीप्तिः।
पूर्णागिरि धामनि सुप्रकाशे,
मम हृदयम् त्वद्रूपे लीनम्।

माँ,
आप पहाड़ों की रानी हैं,
आप शांति भी हैं और ज्वाला भी,
आप मौन भी हैं और आदिदेवता की प्रथम ध्वनि भी।
इस पर्वत पर आपका तेज ऐसा प्रतीत होता है
जैसे कोई दीपक ब्रह्मांड के अंधकार में रखा हो।

कहा जाता है कि जब यह स्तुति पढ़ी जाती है,
तो हवा कुछ क्षणों के लिए मधुर हो जाती है —
जैसे माँ सुन रही हों।
किसी को आँखें नम होती महसूस होती हैं,
किसी को कंधे पर अदृश्य हल्की सी हथेली।
यह स्तुति किसी पृष्ठ से नहीं आती —
यह माँ के धड़कते रूप से उतरती है।

जब सूर्य की अंतिम किरण पर्वत के पीछे खो जाती है,
मंदिर के दीप अचानक जीवित हो उठते हैं।
घंटियों की आवाज़ पर्वतों से टकराकर
ऐसा प्रतिध्वनित होती है
जैसे स्वयं देवता आकाश से उतर आए हों।

भक्तों के हाथों में दीप उजाले के छोटे -छोटे कण बन जाते हैं,

और फिर शुरू होती है आरती— धीमी, लेकिन ब्रह्मांड तक पहुँचने वाली।

नीचे वही आरती है, कथा के रूप में, जैसे किसी प्राचीन ग्रंथ में लिखी हो:

★ माँ पूर्णागिरि आरती (साहित्यिक, ग्रंथ-शैली) ★

जयति जयति पूर्णागिरि माता,
नाभि-स्थ शक्ति सुहासिनी।
तुम बिन जग में कौन सुनेगा,
वेदना मेरी अबलासिनी।

जय जय शारदा-धारा-विहारिणी,
हिमगिरि-कुल की उजियारी।
तन–मन–जीवन तुम बिन सूना,
तुम ही हो जग की रखवाली।

दीप जले जब संध्या में,

तेरा स्वर मौन पवन में बहता।
काली रात भी उजली हो जाती,
माँ तेरा नाम जो कहता।

नमः जननी पूर्णागिरिश्वरी,
नमः सर्व दुःख विनाशिनि।
नमः शरणागत-वत्सले,
नमः कृपा-रूपे रक्षिणि।

इस आरती का उद्देश्य केवल एक है— माँ के प्रति प्रेम और कृतज्ञता व्यक्त करना। इसमें कोई विधि नहीं, कोई दिशा नहीं, कोई प्रक्रिया नहीं — सिर्फ़ भक्ति का उजाला।

कहा जाता है कि यह आरती जब पहाड़ों में गूंजती है, तो हवा भी थमकर सुनती है। दीपों की लौ पर्वत की गोद में सोती है और ऐसा लगता है जैसे माँ स्वयं उस प्रकाश को ओढ़ रही हों।

भक्त कहते हैं— आरती का उजाला बाहर नहीं, मन के भीतर फैल जाता है।

पूर्णागिरि की स्तुति और आरती केवल गीत नहीं — यह पहाड़ की यात्रा है, नदी की धुन है, और माँ के मौन का उत्तर।

जब कोई भक्त इस आरती को महसूस करता है, तो वह एक क्षण के लिए अपनी सारी व्यथा, सारी थकान, सारा भय भूल जाता है— क्योंकि उस क्षण माँ पूर्णागिरि स्वयं उसके सामने होती हैं, अदृश्य, पर वास्तविक।

और वह softly कहती हैं— "बेटा, मैं यहीं हूँ।"

पूर्णागिरि में ध्यान व साधना का महत्व

हिमालय की शांत तलहटी में, जहाँ हवा स्वयं को भी सुनने लगती है और जंगल अपनी सांसों को धीरे-धीरे बहाते हैं, वहाँ पूर्णागिरि का पर्वत हजारों वर्षों से खड़ा है—स्थिर, मौन, परंतु भीतर से अद्भुत जीवित।

कहते हैं कि इस पर्वत की चट्टानों में एक ऐसा स्पंदन है जिसे केवल हृदय जानता है, मन नहीं।

यही कारण है कि ऋषि-मुनियों ने इस स्थान को ध्यान और साधना के लिए सर्वश्रेष्ठ माना—न इसलिए कि यहाँ कोई विधि बताई जाती है, बल्कि इसलिए कि यहाँ की ऊर्जा स्वयं सिखाती है कि मौन क्या होता है।

पूर्णागिरि वह स्थान है जहाँ नाभि-स्थ शक्ति ने पृथ्वी को स्पर्श किया।

और जहाँ नाभि का स्पर्श हो, वहाँ ध्यान केवल क्रिया नहीं रहता —वह आत्मा का घर बन जाता है।

पुराणों में उल्लेख है कि जब सती की नाभि यहाँ गिरी, तब इस पर्वत ने सिर्फ़ शक्ति को नहीं धारण किया—उसने एक दिव्य मौन को भी अपने भीतर कैद कर लिया।

ऋषि कहते थे—

"पूर्णागिरि का मौन संसार का सबसे प्राचीन मंत्र है।"

जब कोई साधक यहाँ बैठता था, तो वह मंत्र सुना नहीं जाता था —

वह भीतर उतर जाता था,

जैसे नदी अपनी धारा को स्वयं जानती है,

जैसे वृक्ष अपनी जड़ों को पहचानता है,

वैसे ही साधक अपनी आत्मा के मूल को पहचान लेता था।

पूर्णागिरि की हवा में एक अनजानी गरमाहट है—बहुत हल्की, बहुत कोमल।

लोग कहते हैं कि यह गरमाहट ध्यान को गहराई देती है।

कोई औपचारिकता नहीं, कोई आडंबर नहीं —

बस माँ के पास बैठने का एहसास,

जैसे कोई बच्चा अपनी माँ की गोद में चुपचाप सिर रखकर

विश्व की सबसे बड़ी शांति पा लेता है।

कई प्राचीन साधकों के अनुभव ग्रंथों में दर्ज हैं।

एक ऋषि ने कहा था—

“पूर्णागिरि में ध्यान करना ऐसा है जैसे किसी दैवी हृदय की धड़कन सुनना।“

यह बात केवल काव्य नहीं है।

जब पर्वत की ऊँचाई से हवा उतरती है,

तो वह साधारण हवा नहीं लगती —वह एक स्पंदन बन जाती है,

कोई ऐसा स्पर्श जो मन की परतों को खोलने लगता है।

ध्यान का महत्व यहाँ इसलिए बढ़ जाता है क्योंकि यह स्थान स्वयं नाभि-स्थ ऊर्जा का केंद्र है।

नाभि—जहाँ से जीवन का आरम्भ होता है,
जहाँ माँ और शिशु का पहला संबंध जुड़ता है,
जहाँ प्राण अपनी प्रथम दिशा पाता है।

और जब यही ऊर्जा पृथ्वी पर स्थापित हुई,
तो यह स्थान ध्यान का केंद्र नहीं,
ध्यान की जन्मभूमि बन गया।

कई साधक कहते थे कि यहाँ ध्यान करते समय
मन हल्का हो जाता है,
विचार शांत हो जाते हैं,
और हृदय में एक ऐसी स्पष्टता उतरती है
जिसे शब्दों में बाँधा नहीं जा सकता।

एक प्राचीन कथा है—
एक वृद्ध तपस्वी वर्षों तक कई पहाड़ों पर साधना करता रहा,

लेकिन उसे वह शांति नहीं मिली जिसकी वह खोज में था।
जब वह पूर्णागिरि पहुँचा और पर्वत की छाया में बैठा,
उसने कहा—
"इस भूमि में कुछ ऐसा है जो मेरे भीतर के तूफान को सोख लेता है।
मैंने पहली बार अपने विचारों को शांत होते देखा।"
उसने इसे "माँ की उपस्थिति" नाम दिया।

तनकपुर–चंपावत के लोकगीत भी बताते हैं
कि पूर्णागिरि की चोटी पर ध्यान करने वाले साधक
अक्सर कहते थे कि पर्वत के मौन में एक शब्द छुपा है—
एक ऐसा शब्द जिसे कोई नहीं बोलता,
पर सब सुनते हैं।

वह शब्द क्या है?
कोई नहीं जानता।
पर भक्त कहते हैं—
"वह माँ की सांस है।"

पूर्णागिरि में साधना का महत्व इसलिए भी गहरा माना गया
क्योंकि यहाँ की प्रकृति स्वयं साधक बन जाती है।

नदी—मंत्र की तरह बहती है।
पर्वत—ध्यान की तरह खड़ा है।
पेड़—शांत दर्शक की तरह स्थिर हैं।
हवा—जैसे किसी अदृश्य गुरु के स्पर्श की तरह बहती है।

प्रकृति की यह शांति साधकों को यह एहसास कराती है
कि साधना कोई प्रक्रिया नहीं —
यह पहचान है,
यह स्वीकार है,
यह माँ के सामने मौन होकर खड़े होने का साहस है।

भक्तों में एक मान्यता है—
जब कोई पूर्णागिरि में शांत बैठता है,
तो माँ स्वयं उसके पास बैठ जाती हैं।
साधक नहीं जानता कि कब, कैसे, किस रूप में —
पर उसे एक हल्की-सी अनुभूति होती है कि वह अकेला नहीं है।
कई कहते हैं कि इस पर्वत की छाया में
मनुष्य अपने सबसे वास्तविक रूप से मिलता है।

और यही ध्यान का सर्वोच्च महत्व है—
स्वयं से मिलना।

पूर्णागिरि में ध्यान इसीलिए विशेष है,
क्योंकि यहाँ ध्यान किया नहीं जाता —
यहाँ ध्यान होता है।
माँ की नाभि-स्थ ऊर्जा मन को उसी बिंदु पर पहुँचा देती है
जहाँ धड़कनें मौन हो जाती हैं
और आत्मा बोलने लगती है।

यही कारण है कि ग्रंथों में लिखा गया —
"पूर्णागिरि साधना का स्थल नहीं —
साधना का सार है।"

और जब भक्त इस पर्वत से वापस लौटते हैं,
तो वे केवल यात्रियों की तरह नहीं लौटते —
वे अपने भीतर कुछ बदलता हुआ महसूस करते हैं।
एक नया विश्वास,

एक नई शांति,
और माँ का वह अदृश्य स्पर्श
जो जीवन भर उनके साथ रहता है।

क्योंकि पूर्णागिरि का ध्यान
मन को शांत नहीं करता —
उसे जागृत करता है।

भक्तों के चमत्कारिक अनुभव

पूर्णागिरि का नाम लेते ही पर्वतों पर छाई धुंध भी जैसे हल्की -सी मुस्कुरा देती है। यह वह स्थान है जहाँ माँ की उपस्थिति दिखाई नहीं देती, पर महसूस होती है; जहाँ हवा भी कभी-कभी मनुष्य के दुख को समझकर उसे शांत करने लगती है; जहाँ भक्तों की पुकार बिना आवाज के ही माता तक पहुँच जाती है। जो लोग यहाँ आते हैं, वे अक्सर कहते हैं कि पूर्णागिरि का चमत्कार किसी बाहरी चमत्कार जैसा नहीं—वह भीतर उतरने वाला प्रकाश है, जो मनुष्य के टूटे हिस्सों को धीरे से जोड़ देता है। और इसी प्रकाश में कई भक्तों ने अपने जीवन की ऐसी घटनाएँ देखी हैं जो शब्दों से कहीं अधिक सच्ची प्रतीत होती हैं।

कहा जाता है कि एक वृद्ध यात्री, जो उम्र और बीमारी की वजह से मुश्किल से चल सकता था, पूर्णागिरि की सीढ़ियाँ चढ़ने निकला। उसके हर कदम में दर्द था, लेकिन उसकी आँखों में एक अडिग विश्वास। आधी चढ़ाई के बाद उसका शरीर कांपने लगा। उसे लगा कि वह गिर जाएगा, और शायद नीचे लुढ़ककर चोटिल भी हो जाएगा। कोई सहारा न था, कोई साथी नहीं था। उसी क्षण उसने महसूस किया कि किसी ने उसके कंधे पर हाथ रखा—बहुत हल्का, बहुत कोमल... जैसे किसी माँ ने बच्चे को गिरने से रोकने के लिए अपना नरम हाथ बढ़ाया हो। उसने पलटकर देखा—वहाँ कोई नहीं था। रास्ता खाली था, हवा स्थिर थी, और पेड़ शांत खड़े थे। पर उसके कंधे

पर उस अदृश्य स्पर्श की गर्माहट अब भी थी। वह बोलता नहीं; बस मुस्कुरा देता है और कहता है—"मैं अकेला नहीं था। माँ साथ थीं।"

एक और कथा है—एक स्त्री की, जिसके जीवन में वर्षों से कोई उम्मीद नहीं बची थी। वह टनकपुर पहुँची, पर चढ़ाई करने की ताकत उसके शरीर में नहीं थी। वह शारदा नदी किनारे बैठकर रो पड़ी। उसकी प्रार्थना में शब्द नहीं थे—सिर्फ़ आँसू और थकान। उसने आसमान की ओर नहीं देखा, उसने हाथ नहीं उठाए—बस चुपचाप बोली, "माँ, अब तुम जानो। अब मैं नहीं चल सकती।" इतने ही में नदी की एक ठंडी लहर उठकर उसके पैरों को छू गई... इतनी ठंडी कि जैसे किसी ने उसके भीतर की सारी बेचैनी सोख ली हो, और इतनी कोमल कि जैसे किसी ने कहा हो—"चल, मैं हूँ।" वह स्त्री बताती है कि उसी क्षण उसके भीतर एक नई ताकत आई और वह पूरी चढ़ाई कर गई—बिना किसी रुकावट के। वह कहती है—"नदी ने मुझे उठाया था। माँ उस लहर में थीं।"

यह भी कहा जाता है कि पूर्णागिरि के पास एक साधारण आदमी था—जीवन से थका, रिश्तों से टूटा, और मन में गहरी अँधेरा लिए हुए। वह मंदिर के बाहर खड़ा था और उसकी आँखों में यह सवाल था कि क्या सच में कोई सुनता भी है? क्या प्रार्थनाओं का कोई अर्थ है? वह अपने भीत र के शोर से इतना परेशान था कि उसने निर्णय किया कि वह अंदर नहीं जाएगा। पर ठीक उसी समय हवा का एक झोंका आया और उसके माथे को छूकर ऐसे गुज़रा जैसे किसी ने उसके सिर पर हाथ फेरा हो। हवा ठंडी थी, लेकिन उस स्पर्श में अजीब-सी गर्माहट थी—जैसे किसी ने कहा हो, "तू अकेला नहीं।"

वह आदमी रो पड़ा—पहली बार बेझिझक, दिल खोलकर। मंदिर में प्रवेश करते समय उसके कदम काँप रहे थे, पर डर से नहीं —एक ऐसे अनुभव से जिसे वह आज तक शब्द नहीं दे पाया। वह बस कहता है —"माँ की हवा थी। और किसी की नहीं।"

कई भक्तों ने बताया है कि जब वे चढ़ाई में थक जाते हैं, तब अचानक रास्ता हल्का लगने लगता है—मानो किसी ने कंधों से बोझ उतार दिया हो। कुछ को लगता है कि सीढ़ियाँ अचानक कम हो गईं, कुछ को लगता है कि पाँव अपने आप उठने लगे। यह चमत्कार नहीं, यह माँ की गोद है —जो केवल महसूस होती है।

कुछ लोग कहते हैं कि उन्होंने मंदिर की घंटी बजाई और वह स्वर उनके भीतर ऐसी गूँज बना कि पुराने घाव अचानक नरम पड़ गए। किसी ने बताया कि वह माँ से कुछ माँगने नहीं आया था—वह सिर्फ़ अपनी टूटन लेकर आया था। मंदिर की दहलीज पर खड़ा होते ही उसे लगा कि उसके दिल में वर्षों से जमा हुआ भारीपन किसी ने उठा लिया है। न कोई रोशनी दिखी, न कोई आवाज़ मिली—पर एक गहरी शांति आई, जो आज तक नहीं गई।

पूर्णागिरि में चमत्कार दिखाई नहीं देते —वे महसूस होते हैं।

न कोई बिजली चमकती है,

न आकाश फटता है,

न नियम टूटते हैं।

चमत्कार बस इतना है कि
जहाँ मनुष्य टूटकर आता है,
वहाँ से वापस पूरा होकर लौट जाता है।

कभी बिना माँगे मनोकामना पूरी हो जाती है,
कभी बिना बोले ही दिल की गांठें खुल जाती हैं,
कभी बिना इशारे ही जीवन का रास्ता साफ दिखाई देता है।

और भक्त कहते हैं—
"यह चमत्कार नहीं... यह माँ का तरीका है।"

पूर्णागिरि का पर्वत आज भी उन अनुभवों को अपने भीतर संजोए हुए है।

जब हवा चलती है,
तो वह पुराने भक्तों की कहानियाँ साथ लाती है।
जब नदी बहती है,
तो वह उन आँखों के आँसू याद करती है जिनमें दर्द था और विश्वास भी।

जब घंटी बजती है,
तो वह उन दिलों की धड़कनें गूँजती है जिन्हें माँ ने छुआ था।

और जब भक्त लौटते हैं,

तो वे अपने साथ कोई धातु का ताबीज़ नहीं लाते,
कोई चमत्कारी वस्तु नहीं लाते —
वे लाते हैं एक अनुभव।
एक एहसास कि
“माँ ने सुना। बस इतना ही चमत्कार काफ़ी है।”

काली नदी का महत्व

हिमालय की तलहटी में, जहाँ पहाड़ सुबह की धूप से सोना बन जाते हैं और रात को चंद्रमा की शीतल रोशनी में अपने प्राचीन रहस्यों को छुपा लेते हैं, वहीं बहती है काली नदी —एक ऐसी धारा जिसे लोग केवल नदी नहीं कहते। यह वह जल है जिसमें देवताओं की कथाएँ घुली हैं, ऋषियों का मौन घुला है, और माँ पूर्णागिरि का अदृश्य स्पर्श हर लहर में शांत रूप से बसा हुआ है। काली नदी को देखकर कभी-कभी लगता है कि वह बहती नहीं —वह साँस लेती है, वह सुनती है, वह अपने भीतर संसार की थकान उठाकर बहा ले जाती है।

काली नदी का जल गहरा है, और उसकी धारा में एक गंभीरता है—जैसे वह कोई प्राचीन सच्चाई जानती हो। इसकी गहराई में केवल पानी नहीं, बल्कि युगों की स्मृतियाँ बहती हैं। लोक -कथाओं में कहा गया है कि जब देवी की नाभि पूर्णागिरि पर गिरी, तब पर्वतों में गूँजी हुई वह ऊर्जा सबसे पहले इसी नदी तक पहुँची थी। काली नदी ने उसे अपने भीतर समेटा, जैसे कोई माँ बच्चे के आँसू अपने आँचल में समेट लेती है। तभी से लोग कहते हैं कि काली नदी में स्नान केवल शरीर को नहीं —मन को भी हल्का कर देता है, क्योंकि यह जल स्वयं देवी की उपस्थिति का साक्षी है।

टनकपुर के लोग अक्सर बताते हैं कि नदी की लहरों में एक अलग ही ताल है। उसकी धारा जब पत्थरों से टकराती है, तो एक ऐसी आवाज़ बनती

है जो किसी मंत्र की तरह लगती है—मानो नदी अपनी यात्रा नहीं कर रही, बल्कि माँ का नाम जप रही हो। शाम के समय जब हवा ठंडी होती है और सूरज पर्वतों के पीछे छिपने लगता है, तो काली नदी पर छाई सुनहरी चमक ऐसी प्रतीत होती है जैसे कोई दिव्य आभा जल में उतर आई हो।

कहते हैं कि इस नदी का स्वरूप शांत भी है और प्रखर भी—माँ की तरह। कभी वह इतनी कोमल लगती है कि उसकी लहरें पैरों से छूकर किसी बच्चे की मुस्कान जैसी प्रतीत होती हैं, और कभी वह इतनी तेज बहती है कि लगता है जैसे संसार के बोझ को उठाकर गति के साथ बहा रही हो। इस द्वैत में ही उसकी दिव्यता है—ममता और शक्ति का मिलन।

काली नदी केवल भौगोलिक प्रतीक नहीं, बल्कि आध्यात्मिक संबल है। यात्रियों ने अक्सर माना है कि पूर्णागिरि की यात्रा वहीं से शुरू होती है जहाँ काली नदी उन्हें अपने निकट बुलाती है। लोग नदी के तट पर बैठते हैं और घंटों तक जल को बहते देखते रहते हैं। कहते हैं कि उस बहाव में उन्हें अपने जीवन की सारी उलझनें दिखाई देती हैं—पहले धुंधली, फिर स्पष्ट, फिर धीरे-धीरे नदी में समाती हुईं। यह नदी केवल जल नहीं बहाती; यह मन के भारीपन को भी बहा ले जाती है।

कई भक्तों के अनुभव बताते हैं कि जब वे नदी के पास बैठते हैं, तो अचानक अंदर एक शांति उतरती है—ना किसी चमत्कार की तरह, बल्कि एक स्वाभाविक सुकून की तरह। जैसे नदी के पास बैठना ही माँ की गोद में बैठने जैसा लगता है। उसका बहाव किसी गुरु की शिक्षा जैसा है—धीमा,

स्थिर और निरंतर। नदी मानो कहती है, “बहते रहो, थमे मत, जीवन का प्रवाह यहीं से शुरू होता है और यहीं शांत होता है।”

यह भी कहा जाता है कि काली नदी केवल पानी के लिए ‘काली’ नहीं है। उसका नाम शक्ति का प्रतीक है—काली, जो समय की स्वामिनी हैं; काली, जो भय को भस्म करती हैं; काली, जो अज्ञान को काटकर मार्ग खोलती हैं। नदी की गहराई उसी ऊर्जा का प्रतिनिधित्व करती है—जो दिखती नहीं, पर अस्तित्व को आकार देती है।

पुरानी कथाओं में एक वर्णन मिलता है कि जब कोई साधक वर्षों की तपस्या के बाद पहली बार काली नदी के तट पर आया, तो उसने नदी में अपना प्रतिबिब देखा और हँस पड़ा। उसने कहा —“यह नदी पानी का दर्पण नहीं, मन का दर्पण है।” क्योंकि उसके प्रतिबिब में वह स्वयं नहीं दिख रहा था—उसे माँ की आंखें दिखाई दे रही थीं। यह कथा सच है या नहीं, कोई नहीं जानता; पर जो लोग तट पर बैठते हैं, वे कहते हैं कि नदी में अपनी परछाई देखते समय अपना असली चेहरा दिखाई देता है—डर भी, विश्वास भी।

काली नदी का महत्व इस बात में भी है कि यह सीमाओं को जोड़ती है—देशों की, संस्कृतियों की, और मनुष्यों की। वह अलग -अलग भूमि को जोड़ती है, जैसे माँ अलग-अलग बच्चों को अपने आलिगन में समेट लेती हैं। नदी यह नहीं देखती कि कौन आ रहा है, किस धर्म का है, किस भाषा का है—उसका जल सभी को एक समान छूता है, एक समान सुकून देता

है। यही उसका आध्यात्मिक सत्य है—वह विभाजन नहीं करती, वह मिलन कराती है।

पूर्णागिरि की यात्रा में काली नदी का महत्व इसलिए भी विशेष है क्योंकि यह पहला द्वार है —देवी तक पहुँचने का पहला स्पर्श। भक्त कहते हैं कि जब वे नदी को पार करते हैं या उसके तट पर खड़े होते हैं, तो उन्हें लगता है कि वे संसार की सीमा से निकलकर अध्यात्म के क्षेत्र में प्रवेश कर गए हैं। यह एक धीमा, कोमल, शांत परिवर्तन है—जो बिना बताए ही हो जाता है। नदी कहती नहीं, पर समझा देती है।

और जब शाम ढलती है, मंदिर की आरती की ध्वनि पर्वतों से टकराकर नदी तक पहुँचती है, तो काली नदी उस ध्वनि को अपने भीतर समेट लेती है। जल में उठती हल्की लहरें ऐसी लगती हैं जैसे नदी स्वयं आरती के स्वर में हिल रही हो। यह दृश्य देखने वालों को हमेशा याद रहता है —जैसे प्रकृति और देवी के बीच कोई गहरा, मौन संवाद हो रहा हो, जिसके गवाह केवल भक्त बन पाते हैं।

काली नदी का महत्व चमत्कार में नहीं, अनुभव में है।

उसका चमत्कार यह है कि वह मनुष्य को उसके दुख के साथ स्वी कार करती है

और वापस लौटते समय उसे हल्का, शांत, और थोड़ा-सा बदलकर भेजती है।

वह माँ की तरह है—जो सुनती है, पर बोलती नहीं;

जो समझती है, पर प्रकट नहीं होती;

पर जिसका स्पर्श जीवन भर याद रहता है।

और शायद यही कारण है कि पूर्णागिरि की यात्रा करने वाला हर यात्री कहता है—

"मैं देवी तक तो बाद में पहुँचता हूँ...

पर माँ का पहला स्पर्श मुझे काली नदी ही देती है।"

प्राकृतिक सौंदर्य और आध्यात्मिक ऊर्जा

पूर्णागिरि का पर्वत जब सुबह की पहली रोशनी को अपने शिखर पर थामता है, तो ऐसा लगता है जैसे प्रकृति स्वयं किसी अदृश्य आरती का दीपक जलाकर देवी का स्वागत कर रही हो। अनगिनत पेड़, जो रातभर मौन में खड़े थे, सूर्य की किरण छूते ही हल्के से हिलते हैं—जैसे किसी गहरे प्रणाम में झुक रहे हों। हवा मधुर हो जाती है, पर उसमें एक ऐसी तीक्ष्णता होती है जो पलक झपकते ही मन को भीतर तक साफ कर देती है। यह सिर्फ़ प्रकृति का सौंदर्य नहीं; यह वह आंतरिक प्रकाश है जिसे इस पर्वत ने सदियों से अपने भीतर धारण किया है।

टनकपुर से जब कोई यात्री पर्वत की ओर बढ़ता है, तो सबसे पहले उसे आसपास का प्राकृतिक विस्तार दिखाई देता है—ऊँची-ऊँची पहाड़ियाँ, अनजाने पथ, घने देवदार और चीड़ के वृक्ष, जो हवा के हल्के स्पर्श से एक साथ गुनगुनाने लगते हैं। यह गुनगुनाहट किसी साधारण हवा की ध्वनि नहीं होती; यह किसी आदिदेव के वीणा-नाद जैसी प्रतीत होती है। ऐसा लगता है जैसे प्रकृति स्वयं भक्त के लिए स्वागत-संगीत बजा रही हो। हर कदम पर पर्वत का रंग बदलता है—कहीं हरा, कहीं सुनहरा, कहीं धुंधली नीली आभा—जो मनुष्य की आँखों को नहीं, उसकी आत्मा को रंग देती है।

पूर्णागिरि का प्राकृतिक सौंदर्य केवल आँखों से दिखने वाला दृश्य नहीं, बल्कि वह भाव है जो मनुष्य को अपने भीतर खींच लेता है। नदी जब नीचे

घाटी में चमकती है, तो सूरज की रोशनी उस पर ऐसे गिरती है जैसे किसी माँ ने अपने आंचल में सोने की लकीरें काढ़ दी हों। हवा जब पहाड़ों से उतरती है, तो उसमें पत्तों की खुशबू होती है —मिट्टी की भी, बरसात की भी, और उन अनगिनत फूलों की भी जो पर्वत की ढलानों में छिपे रहते हैं। यह सौंदर्य ऐसा है जो मनुष्य को थकान से मुक्त कर देता है और उसके भीतर एक शांत, गहरा संगीत जगाता है।

पर पूर्णागिरि का सौंदर्य केवल प्रकृति की देन नहीं —वह ऊर्जा है जिसने इस भूमि को पवित्र बनाया है। कहते हैं कि जब देवी का नाभि-स्थ रूप इस पर्वत पर उतरा, तब इस स्थान का हर कण जागृत हो गया। धरती में एक सूक्ष्म कंपन उठा, वृक्षों में एक नई हरियाली आ गई, और पहाड़ों की चट्टानों में एक ऐसी गरमाहट भर गई जिसे आज भी साधक महसूस कर सकते हैं। यह ऊर्जा दिखाई नहीं देती, न मापी जा सकती है —पर वह हर उस व्यक्ति को स्पर्श करती है जो श्रद्धा के साथ इस भूमि पर कदम रखता है।

कई यात्रियों ने कहा है कि जब वे पहाड़ की चढ़ाई शुरू करते हैं, तो अचानक भीतर एक हल्की-सी शांति उतरने लगती है—मानो रास्ता उन्हें पहचान रहा हो। कई लोग बताते हैं कि हवा उन्हें हल्का महसूस कराती है, जैसे किसी ने उनके दुख का बोझ उठा लिया हो। कभी -कभी जंगलों के बीच से गुजरते समय ऐसा लगता है कि पेड़ अपने आप रास्ता बना रहे हों —यह कोई अलौकिक घटना नहीं, बल्कि प्रकृति और भक्ति का सूक्ष्म संगम है, जहाँ हर चीज़ एक अदृश्य सामंजस्य में बंधी हुई प्रतीत होती है।

यहाँ की चट्टानें भी अपनी कहानियाँ रखती हैं। किसी पर काई लगी हुई है, किसी पर धूप की चमक, और किसी पर वह पुरानी लाली जो केवल उन स्थानों पर होती है जहाँ समय का स्पर्श धीमा हो जाता है। साधक कहते हैं कि कभी-कभी इन चट्टानों पर बैठते ही मन अचानक खाली हो जाता है —जैसे भीतर की सारी हलचल नदी की लहरों में उतर गई हो। यह खालीपन डराने वाला नहीं—बहुत स्वागतपूर्ण होता है। यह वह क्षण होता है जब प्रकृति और आध्यात्मिक ऊर्जा एक हो जाती हैं।

पूर्णागिरि की हवा में एक अनोखी शक्ति है। उसकी ठंडक शरीर को छूती है, पर उसकी गर्माहट आत्मा को। एक ही हवा में दो विरोधी गुण—शांत और प्रखर—ऐसे मिलते हैं जैसे माँ की ममता और माँ का संरक्षण। यात्रियों ने महसूस किया है कि जब वे थक जाते हैं, तो हवा उन्हें एक अदृश्य स्पर्श देती है—बहुत हल्का, बहुत चुप, पर इतना प्रभावशाली कि उनके कदम फिर उठने लगते हैं।

संध्या के समय पर्वत का रूप बिल्कुल बदल जाता है। सूर्य जब पहाड़ी के पीछे उतरता है, तो उसकी अंतिम किरणें मंदिर के ऊपर एक स्वर्ण मुकुट जैसी चमक बिखेरती हैं। नीचे बहती काली नदी उस सुनहरी चमक को पकड़ लेती है और उसे अपने प्रवाह के साथ आगे ले जाती है—मानो देवी का आशीर्वाद जल के रूप में पूरे क्षेत्र में फैल रहा हो। हवा में हल्की-सी धूप की गंध, आसमान में बिखरी कोमल रोशनी, और मंदिर की घंटियों की धीमी ध्वनि—सब मिलकर यह एहसास कराते हैं कि प्रकृति केवल सुंदर नहीं,

सजीव भी है। वह सुन सकती है, वह समझ सकती है, वह प्रत्युत्तर दे सकती है।

रात को पर्वत ऐसी निस्तब्धता ओढ़ता है कि लगता है जैसे पूरा ब्रह्मांड इस स्थान को संरक्षण दे रहा हो। तारे ऊपर चमकते हैं, लेकिन उनकी रोशनी भी पर्वत की आभा के सामने फीकी पड़ जाती है। कई यात्रियों ने कहा है कि पूर्णागिरि में रात का मौन साधारण रातों जैसा नहीं होता । यह मौन गहरा है, शांत है, दिव्य है—जिसमें कोई भी व्यक्ति अपने भीतर की प्रार्थना को अचानक साफ-साफ सुन सकता है।

यही वह अद्भुत संगम है—प्राकृतिक सौंदर्य और आध्यात्मिक ऊर्जा का—जो पूर्णागिरि को केवल तीर्थस्थल नहीं, एक जीवित अनुभव बनाता है। यहाँ पर्वत ही गुरु है, हवा ही स्पर्श है, नदी ही संगीत है, और ऊर्जा ही उत्तर।

पूर्णागिरि में आकर कोई व्यक्ति यह सोचकर नहीं लौटता कि उसने एक सुंदर स्थान देखा।

वह लौटता है इस एहसास के साथ कि उसने स्वयं को थोड़ा और गहराई से देखा है।

प्रकृति और शक्ति यहाँ केवल बाहर नहीं—अंदर उतर जाती हैं।

और शायद इसी कारण भक्त कहते हैं—

"पूर्णागिरि का सौंदर्य आँखों से नहीं देखा जाता...

आत्मा उसे पहचान लेती है।"

टनकपुर से पूर्णागिरि की यात्रा का भावनात्मक अनुभव

टनकपुर की सुबह में एक अलग ही चमक होती है। सूरज जब पहाड़ों की चोटियों के पीछे से धीरे-धीरे उठता है, तो शहर पर एक हल्की-सी सुनहरी धुंध फैल जाती है। यह धुंध केवल प्रकाश नहीं —यह वह ऊर्जा है जिसे लोग माँ पूर्णागिरि का बुलावा कहते हैं। कई बार तो भक्त कहते हैं कि वे आए नहीं थे, उन्हें बुलाया गया था। इसी बुलावे से यात्रा शुरू होती है।

टनकपुर की भीड़, दुकानों की आवाजें, सड़कों का शोर —सब अचानक पीछे छूट जाते हैं जब पहला कदम उस पथ पर पड़ता है जो पूर्णागिरि की ओर जाता है। उस क्षण मन में एक अजीब-सा हल्कापन आता है, जैसे अचानक कोई बोझ शरीर से उतर गया हो और अब केवल एक शांत उद्देश्य बचा हो—माँ तक पहुँचना। हवा हल्की ठंडी होती है, पर उसमें एक मिठास भी होती है, जैसे किसी ने आपकी चिता को हवा में घोल दिया हो।

चढ़ाई शुरू होने से पहले काली नदी का दर्शन हर यात्री को रोक लेता है। उसकी लहरें सुबह की धूप में चमकती हैं—कभी चांदी की तरह, कभी सोने की तरह। नदी को देख कर मन में एक गहरा सुकून उतरता है। कई लोग कहते हैं कि उनका दिल यहाँ पहली बार दिन भर की सारी उलझनों से मुक्त हो जाता है। नदी का बहाव ऐसा महसूस होता है जैसे वह आपकी

थकान और दुख को अपने साथ बहा ले जा रही हो। कुछ क्षण नदी के किनारे खड़े रहने भर से भीतर एक शांति उतरती है, इतनी कोमल कि जैसे माँ ने बच्चे के सिर पर हाथ फेरा हो।

फिर यात्रा आगे बढ़ती है—धीरे-धीरे, भावनाओं के साथ। रास्ता जंगलों से होकर गुजरता है। पेड़ों की शाखाएँ सिर के ऊपर ऐसे झुकती हैं जैसे वे आपकी रक्षा कर रही हों। हवा इन पत्तों से टकराकर ऐसी आवाज़ बनाती है कि लगता है जैसे कहीं आसपास कोई धीमा भजन चल रहा हो। हर सांस के साथ मन हल्का होता जाता है। ऐसा लगता है कि जंगलों ने आपके भीतर के सारे डर, उलझनें, अपराधबोध और टूटन को समझ लिया है—और अब वे उन्हें अपनी गोद में सुला रहे हैं।

जैसे-जैसे चढ़ाई बढ़ती है, शरीर थकता है, पर मन strangely शांत होता जाता है। कई यात्री कहते हैं—"हमारे कदम नहीं, माँ हमें ऊपर खींच रही थीं।" रास्ते की चढ़ाई यकीनन कठिन होती है, लेकिन हर मोड़ पर हवा थोड़ी बदल जाती है। कभी ठंडी, कभी गरम, कभी हल्की सुगंध लिए हुए। यह बदलाव साधारण नहीं लगता —ऐसा लगता है जैसे प्रकृति जान रही हो कि आप किस अवस्था में हैं, और वह आपको वही ऊर्जा दे रही हो जिसकी आपको जरूरत है।

रास्ते में मिलने वाले लोग भी यात्रा का हिस्सा बन जाते हैं। कोई बुजुर्ग धीमे-धीमे चलता है, पर उसकी आँखों में ऐसा शां त विश्वास होता है कि उसे देखकर आपकी अपनी थकान आधी हो जाती है। कोई माँ अपने छोटे बच्चे

को गोद में उठाए चल रही होती है, और वे दोनों मुस्कुरा रहे होते हैं —जैसे यह पर्वत उनके घर का ही हिस्सा हो। ऐसे दृश्य मन को एक साथ नम भी कर देते हैं और मजबूत भी।

एक जगह आती है जहाँ अचानक पहाड़ों के बीच से मंदिर की छोटी -सी आकृति दिखाई देती है—बहुत दूर, धुंध में लिपटी हुई, पर स्पष्ट। उस क्षण दिल में एक धड़कन तेज होती है। आँखों में चमक आ जाती है। पांव रुकते नहीं—तेज हो जाते हैं। शरीर की थकान गायब नहीं होती, पर वह महत्वहीन लगने लगती है। मन कहता है—“बस थोड़ी दूर और... माँ सामने हैं।”

और फिर वह क्षण आता है जब यात्री मंदिर की सीढ़ियों पर पहुँचता है।

यह वह पल होता है जब भावनाएँ अचानक बाढ़ की तरह उमड़ती हैं।

कई लोग वहीं बैठकर रो पड़ते हैं —बिना वजह, बिना डर, बिना रोक।

यह कोई दुख का रोना नहीं होता—यह वह रोना होता है जिसे इंसान अपने भीतर सालों तक दबाए रखता है।

यह वह रोना होता है जो आत्मा को हल्का कर देता है।

मंदिर के भीतर कदम रखते ही हवा बदल जाती है।

वह गर्म हो जाती है—बहुत हल्की, बहुत कोमल।

ऐसा लगता है जैसे कोई अदृश्य आंचल आपके कंधों पर र ख दिया गया हो।

माँ की प्रतिमा के सामने खड़े होते ही दिल में एक अजीब-सी शांति उतरती है—एक ऐसी शांति जो दीवारों से नहीं, भीतर से आती है।

लोग कहते हैं—

"हम माँ से कुछ माँगने आते हैं...

लेकिन जब माँ सामने होती हैं,

तो हम माँगना भूल जाते हैं।"

हाथ अपने आप जुड़ जाते हैं।

आँखें अपने आप नम हो जाती हैं।

शरीर अपने आप झुक जाता है।

और दिल...

वह किसी बच्चे की तरह माँ की गोद में पिघल जाता है।

दर्शन के बाद जब यात्री वापस लौटता है, तो रास्ता वही होता है—

पेड़ वही, हवा वही, नदी वही—

पर भक्त वही नहीं रहता।

उसकी चाल बदल चुकी होती है।

उसकी आँखों में एक नई चमक होती है।

उसकी सांसें हल्की होती हैं।

उसकी आत्मा शांत होती है।

ऐसा लगता है कि माँ ने उसके दिल से कुछ भारी उतार लिया है

और उसकी जगह एक अदृश्य आशीर्वाद रख दिया है—

जो रास्ते भर उसका साथ देता है

और जीवन भर उसके भीतर धड़कता रहता है।

टनकपुर की ओर लौटते हुए कही न कही मन में यह भावना जरूर उठती है—

कहानी खत्म नहीं हुई...

यह तो बस शुरुआत है।

क्योंकि पूर्णागिरि की यात्रा शरीर से नहीं,

दिल से शुरू होती है—

और दिल में ही हमेशा के लिए बस जाती है।

माँ की शरण में मिलने वाली शक्ति

रात की आख़िरी ठंडक अभी पूरी तरह मिटने नहीं पाई थी जब अर्जुन ने अपने बैग की पट्टी कंधे पर ठीक की और टनकपुर की ओर बढ़ा।

वह तेज़ नहीं चल रहा था —कदमों में कोई जल्दबाज़ी नहीं, सिर्फ़ एक थकान थी, जैसे भीतर छिपा कोई बोझ उसे धीमा कर रहा हो। उसकी आँखें लाल थीं, नींद से नहीं... दुख से।

पिछले कुछ महीनों में उसने अपने जीवन की सारी ताकत खो दी थी — अपने लोगों को, अपना विश्वास, अपना मन।

किसी ने उसे नहीं कहा कि वह पूर्णागिरि जाए। बस एक रात उसे लगा कि कोई अनदेखी आवाज़ उसके भीतर से उठी— "चलो... मेरी ओर आओ..." और वह चल पड़ा।

टनकपुर पहुँचते ही पहली हवा ने उसे छुआ। हवा ठंडी थी, पर उस ठंड में भी एक अजीब गर्माहट थी— मानो यह पहाड़ उसे पहचानते हों, उसका इंतज़ार कर रहे हों। अर्जुन ने आँखें बंद कीं, गहरी साँस ली,

और पहली बार उसे लगा कि वह कुछ छोड़ रहा है— शायद अपना दर्द, शायद अपना अँधेरा।

यात्रा शुरू हुई।

रास्ता ऊपर की ओर मुड़ता चला गया, और उसके साथ अर्जुन का मन भी किसी अदृश्य राह पर बढ़ता गया।

पहाड़ों के बीच से गुजरती हवा अचानक तेज़ हुई —ऐसी तेज़ कि अर्जुन को लगा यह हवा नहीं, किसी माँ ने उसके बालों पर हाथ फेरा हो। वह ठिठक गया। उसकी आँखें भर आईं। क्योंकि महीनों बाद... किसी की छुअन उसे मिली थी— भले अदृश्य, पर सच्ची।

अर्जुन आगे बढ़ता गया।

चीड़ के पेड़, जिनके तनों पर नीली छाया पड़ रही थी, ऐसे खड़े थे जैसे कोई अग्निमाला हो जो यात्री की रक्षा कर रही हो।

कभी पत्तों की सरसराहट किसी फुसफुसाहट जैसी सुनाई देती—

"डर मत... तू अकेला नहीं है।"

कभी किसी दूर उड़ते पक्षी की आवाज़ उसे रास्ता दिखाती लगती।

यात्रा अब उसके लिए कठिन नहीं रही थी —

क्योंकि उसका मन, जो महीनों से भारी था, अब हल्का होने लगा था।

वह समझ नहीं पा रहा था क्यों...

पर वह चल रहा था।

आधे रास्ते पर पहुंचकर अर्जुन अचानक रुक गया। कदम लड़खड़ा गए। थकान ने शरीर को जकड़ लिया। दिल तेज़ धड़कने लगा। उसे लगा कि वह आगे नहीं बढ़ पाएगा।

वह वहीं बैठ गया —पत्थर पर, धूल पर, जो भी जमीन थी। उसने चेहरा दोनों हाथों में छिपा लिया।

आँसू बहने लगे। न कोई देख रहा था, न कोई जान रहा था कि वह कौन है, क्यों आया है, किस दर्द को ढो रहा है। बस वही... और उसका टूटना।

उसी क्षण... कहीं से एक गर्म हवा का झोंका आया। पहाड़ों में गर्म हवा? इस समय? असंभव।

पर वह हवा आई, सीधे उसके चेहरे को छूकर गुज़री, मानो किसी ने उसके आँसू पोंछ दिए हों। अर्जुन ने चेहरा उठाया।

पहाड़ी रास्ता वैसा ही था, पेड़ वैसा ही था, आसमान वैसा ही था... पर उसके भीतर कुछ बदल चुका था। उसके कंधे का बोझ आधा नहीं —पूरा उतर गया था। उसे लगा... किसी ने उसके भीतर कहा— "उठो, मैं साथ हूँ।"

अर्जुन खड़ा हो गया।

उसकी टांगें थकी थीं, पर अब भारी नहीं । उसकी सांसें तेज़ थीं, पर अब अस्थिर नहीं। वह जान गया कि वह अकेला नहीं है — किसी ने उसे संभाला है।

मंदिर की अंतिम सीढ़ियाँ चढ़ते हुए उसकी आँखों में फिर आँसू आ गए। पर इस बार ये आँसू दर्द के नहीं थे — ये राहत के थे। शांति के थे।

सामने मंदिर का द्वार था— छोटा सा, पर ऐसा कि दुनिया का सबसे बड़ा आंगन लगता था।

जैसे ही उसने दहलीज़ पार की, हवा अचानक गर्म हो गई—

बहुत कोमल, बहुत हल्की। जैसे किसी ने उसके सिर पर हाथ रख दिया हो और कहा हो— "बस... अब तू सुरक्षित है।"

माँ की प्रतिमा के सामने खड़ा होकर अर्जुन रो पड़ा, बिना आवाज़ के। ना कोई शब्द, ना कोई मांग, ना कोई प्रार्थना। केवल मौन। और माँ का मौन भी— जो किसी भी शब्द से ज़्यादा शक्तिशाली था।

उसे लगा कि कोई उसके दिल के अंदर से

उसका दर्द धीरे-धीरे निकाल रहा है—

जैसे कोई माँ अपने बच्चे की चोट पर फूँक मारकर उसे शांत कर देती है।

वह जान गया— यही है वह शक्ति। जो किताबों में नहीं, जो मंदिर की दीवारों पर नहीं, जो मंत्रों में नहीं, बल्कि माँ की शरण में छुपी होती है।

जब वह नीचे लौट रहा था, रास्ता वही था, पेड़ वही थे,

नदी वही थी— लेकिन अर्जुन वही नहीं था। उसकी चाल पहले से स्थिर थी, आँखों में हल्की चमक थी, और दिल... दिल वर्षों बाद शांत था।

और चलते-चलते उसे समझ आया— कि माँ ने उसे ताकत नहीं दी।

माँ ने उसे खुद लौटा दिया।

वह ताकत, जो वह खो चुका था, जो टूट चुकी थी,

जो दबी हुई थी— माँ ने उसे फिर से जागृत कर दिया।

इसीलिए कहते हैं— माँ की शरण में चमत्कार नहीं मिलता, असली खुद मिल जाता है।

माँ पूर्णागिरि का अंतिम आशीर्वाद और सीख

पर्वत की चोटी पर फैली वह शाम जैसे किसी और दुनिया की थी।

सूरज धीरे-धीरे नीचे उतर रहा था, लेकिन उसकी किरणें अभी भी मंदिर के शिखर पर ठहरी हुई थीं — ऐसा लगता था मानो सूर्य स्वयं भी माँ के दर्शन किए बिना वापस न जाना चाहता हो।

हवा हल्की थी, पर उसमें एक गहरा मौन छुपा था, जैसे कोई महान शक्ति आने वाली हो।

जो भक्त वहाँ तक पहुँचते थे, उनके चेहरे पर एक अजीब-सी शांति थी— थकान रख दी गई थी, दुनिया के बोझ नीचे छूट गए थे, और दिल इतना हल्का हो गया था जैसे कोई अदृश्य हाथ उसे धीरे-धीरे सहला रहा हो।

मंदिर के भीतर दीपक की लौ हिल रही थी। उसकी छोटी-सी रोशनी भी पर्वत के अंधेरे को चीर देती थी। और उस रोशनी में माँ पूर्णागिरि का तेज ऐसा लग रहा था मानो पूरी पृथ्वी उस क्षण उनके चरणों में ठहर गई हो।

यही वह क्षण था— जब माँ अपना अंतिम आशीर्वाद देती हैं। ना कोई शब्द, ना कोई शोर, ना कोई चमत्कार— बस एक ऐसी अनुभूति, जो भक्त

के भीतर गहराई तक उतर जाती है, जहाँ न दुःख पहुँच सकता है, न डर, न अकेलापन।

कई भक्त बताते हैं कि इस क्षण उन्हें लगता है मानो माँ स्वयं सामने खड़ी हों, पर दिखाई न दें— उनकी उपस्थिति हवा में घुलकर हृदय तक पहुँचती है। और उस उपस्थिति में जो आशीर्वाद मिलता है, वह किसी विधि या मंत्र का नहीं — वह जीवन का होता है।

माँ जैसे कहती हों— "बेटा, दुनिया कठिन है, पर तू उससे कठिन नहीं। तेरे भीतर जो शक्ति है, वह मेरी दी हुई है। मैं तुझे कभी अकेला नहीं छोड़ूँगी।"

यह आशीर्वाद दर्द नहीं हटाता, पर दर्द को सहने की क्षमता दे देता है। यह जीवन की समस्याओं को खत्म नहीं करता, पर उन्हें सामना करने का साहस दे देता है। यह आँसुओं को रोकता नहीं, पर उनके पीछे एक नया अर्थ दे देता है— कि रोना भी एक शुद्धिकरण है, एक हल्कापन है, एक माँ के आंचल की ओर लौटने का मार्ग है।

जब भक्त मंदिर की सीढ़ियों से नीचे उतरते हैं, तो वे जानते हैं कि वे वही नहीं रहे। कुछ बदल चुका है — बहुत हल्का, बहुत शांत, बहुत पवित्र।

कंधों पर अब कोई बोझ नहीं, आँखों में अब कोई भय नहीं, सांसों में अब कोई हड़बड़ाहट नहीं। उनके भीतर एक नई लौ जल चुकी होती है— बहुत छोटी, पर इतनी प्रखर कि जीवन की अंधेरी रातें भी उसे बुझा नहीं सकतीं।

यही माँ का अंतिम आशीर्वाद है— आत्मा में स्थिरता। मन में साहस। दिल में करुणा। और पग-पग पर उनका मौन साथ।

और फिर आती है माँ की वह अंतिम सीख— जो पर्वत की हवा में बहती है, जो काली नदी की लहरों में छिपी है, जो जंगल के मौन में सुनाई देती है, और जो हर भक्त अपने भीतर लेकर लौटता है:

"जो खोज तू मेरे यहाँ करने आया है, वह तेरे भीतर ही था। मैंने तुझे सिर्फ़ दिखाया है। अब जीवन में चल— अपने भीतर के प्रकाश को पहचान कर।"

यह सीख कोई वचन नहीं, यह सीख कोई नियम नहीं— यह वह एहसास है जो भक्त को जीवन भर संभाले रखता है। माँ की सीख सरल है, पर उसकी गहराई किसी महासागर जैसी—

"भरोसा रख।

भक्ति रख।

और चल।

मैं तेरे साथ हूँ।"

और जब भक्त टनकपुर की ओर लौटते हैं, घाटियाँ उन्हीं घाटियों जैसी होती हैं, पेड़ वही, नदी वही, पर भक्त नहीं— भक्त अब माँ के आशीर्वाद को अपने भीतर लिए चलता है।

उसके कदमों की चाल बदल जाती है — अब उनमें डर नहीं, एक दृढ़ विश्वास होता है।

उसकी आँखों की चमक बदल जाती है— अब उनमें बेचैनी नहीं, एक शांत प्रकाश होता है।

और उसकी आत्मा... वह अब कभी अकेली नहीं होती। क्योंकि एक बार जो माँ पूर्णागिरि की गोद में आ जाए— माँ उसे जीवन भर अपने आंचल में रखती हैं।

यही अंतिम आशीर्वाद है। यही अंतिम सीख है।

यही पूर्णागिरि है।

गणेश सिह कुँवर

इस पुस्तक को लिखते समय मैं स्वयं को कभी लेखक नहीं मान पाया। मैं बस एक ऐसा यात्री रहा, जो भीतर उठते सवालों, थकान और मौन से भरे मन को साथ लेकर माँ पूर्णागिरि की ओर चला। यह पुस्तक किसी योजना से नहीं शुरू हुई, यह उस अनुभूति से जन्मी जो माँ की भूमि पर कदम रखते ही अपने आप भीतर उतर जाती है। जैसे कोई बहुत पुरानी स्मृति अचानक जाग जाए और मनुष्य समझ जाए कि वह किसी नए स्थान पर नहीं, बल्कि अपने ही किसी भूले हुए हिस्से में आ गया है।

माँ पूर्णागिरि के विषय में लिखना मेरे लिए जानकारी देना नहीं था। यह प्रयास था उस भाव को शब्द देने का, जो शब्दों से पहले ही बहुत गहरा होता है। यह पुस्तक किसी धार्मिक उपदेश, किसी नियम या किसी निष्कर्ष का दावा नहीं करती। यह बस उन क्षणों का संग्रह है, जब मनुष्य पूरी तरह थक जाने के बाद भी भीतर से संभल जाता है, जब कोई अदृश्य शक्ति बिना कुछ कहे उसे आगे बढ़ने का साहस दे देती है। मैंने जो कुछ लिखा है, वह सुना हुआ नहीं, बल्कि महसूस किया हुआ है।

इस पुस्तक का हर अध्याय मेरे लिए एक आत्मिक संवाद रहा। कभी माँ से, कभी स्वयं से, और कभी उन अनगिनत भक्तों से, जिनकी आँखों में मैंने पूर्णागिरि के दर्शन के बाद वही शांति देखी है, जिसे शब्दों में बाँधना आसान नहीं। मैंने यह पुस्तक इसलिए नहीं लिखी कि पाठक कुछ सीखें, बल्कि इसलिए कि वे कुछ महसूस करें—एक हल्की शांति, एक भरोसा, एक ऐसा एहसास कि जीवन चाहे जितना कठिन हो, कोई न कोई शक्ति भीतर से साथ चल रही है।

मैं चाहता हूँ कि आप इस पुस्तक को जल्दी में न पढ़ें। इसे वैसे ही पढ़ें जैसे कोई पहाड़ी रास्ता तय किया जाता है—धीरे, ठहरकर, आसपास की हवा और मौन को महसूस करते हुए। हो सकता है कुछ पंक्तियाँ आपको रोक लें, कुछ पन्ने आपको भीतर की ओर देखने पर मजबूर कर दें, और कुछ शब्द बिना कारण आपकी आँखें नम कर दें। यदि ऐसा होता है, तो समझिए कि यह शब्द नहीं, माँ की उपस्थिति है जो आपके भीतर तक पहुँच गई है।

मैं यह नहीं कहता कि इस पुस्तक में माँ पूर्णागिरि का संपूर्ण स्वरूप समाया हुआ है, क्योंकि माँ को कोई भी पूरी तरह शब्दों में नहीं बाँध सकता। यह पुस्तक केवल मेरी सीमित अनुभूति है, मेरा समर्पण है, मेरा मौन प्रणाम है। यदि इन पृष्ठों के माध्यम से आपको अपने भीतर थोड़ी सी भी शक्ति, शांति या भरोसा महसूस हो, तो यही मेरे लिए सबसे बड़ा आशीर्वाद है।

अंत में मैं बस इतना कहना चाहता हूँ कि माँ पूर्णागिरि किसी पर्वत तक सीमित नहीं हैं। वह उस क्षण में प्रकट होती हैं, जब मनुष्य भीतर से टूटता है और फिर भी चलने का साहस जुटा लेता है। यदि इस पुस्तक ने आपको उस साहस की झलक भी दे दी, तो मेरा लेखन सफल हो गया।

माँ आप सबको अपने आंचल में रखें।

आपका मन शांत रहे,

और आपकी यात्रा—चाहे बाहर की हो या भीतर की—मंगलमय हो।

— लेखक

गणेश सिह कुँवर

इंस्टाग्राम ID : Author_Ganeshkunwar